# Ricettario Vegano – Primi Piatti

# Vegan Recipes – First Dishes

## Come Cucinare Primi Piatti Vegani

## All'Insegna Del Benessere
## e Della Genuinità Alimentare !

*Food And Beverages – International*

# Indice

**INDICE**

# Primi piatti

La maggior parte dei primi della cucina tradizionale mediterranea sono vegan già di per sè, o facilmente 'veganizzabili', per cui sono veramente infiniti i piatti che si possono preparare con un cereale come base abbinato a legumi e/o verdure.

## 3.1 3P Pasta Pasticciata al Pesto

Ricetta di:    Sophie85
Difficoltà:    Facile
Tempo:    50 minuti
Stagione:    Primavera, Estate

### Ingredienti per 4 persone

? 200 g di pasta del formato che preferite

? 1 mazzetto di basilico

? 4 noci

? 1 manciata di pinoli

? olio evo

? 10 g di margarina

? besciamella

### Preparazione

Per prima cosa preparate la Besciamella (sezione 12.2, pagina 988) . Per questa ricetta è meglio lasciarla un po' più liquida abbondando con il latte di soia. Poi dedicatevi al pesto: i genovesi rabbrividiranno, ma questa è una ricetta spicciola quindi mettete pinoli, noci e basilico nel frullatore e tritate per bene! Trasferite il composto in un contenitore adatto per amalgamarlo, aggiungete abbondante olio e sale.

Adesso che avete gli ingredienti di base prendete una pirofila da forno, preferibilmente stretta ed alta, mettete dei fiocchi di margarina sul fondo, versate poca besciamella e meno di 1/3 del pesto.

Su questo fondo adagiate la metà della pasta -io uso le trenette spezzettate grossolanamente ma credo vada bene qualsiasi formato- e ricopritela con metà della besciamella e del pesto rimastovi.

Fate un secondo strato di pasta e, di nuovo, versate besciamella e pesto fino a terminarli ricoprendola completamente.

Infornate a 150 gradi per circa 30 minuti, quando la pasta ha assorbito tutto il liquido e si è creata una crosticina in superficie, è pronta.

### Note

Dato che la pasta cuocerà direttamente in forno è il caso di abbondare di sale nella besciamella e nel pesto.

Questa ricetta è adatta anche a chi, come me, prepara la cena all'ora di pranzo: potete comporla nella pirofila e lasciarla coperta in attesa di cuocerla la sera!

## 3.2  Barchette di avocado con riso

Ricetta di:   Fiordaliso09
Difficoltà:    Facile
Tempo:       20 minuti
Stagione:    Inverno, Primavera

### Ingredienti per 2 persone

- ?  1 avocado maturo

- ?  120 grammi di riso

- ?  1 limone spremuto

- ?  pepe arcobaleno (o pepe bianco)

### Preparazione

Bollire il riso, scolarlo, sciacquarlo in un colino con acqua fredda e lasciarlo scolare di nuovo molto bene. Tagliare in due, nel senso della lunghezza, l'avocado, estrarne il seme e con un cucchiaino togliere tutta la polpa senza rompere la buccia dell'avocado. Schiacciare bene con una forchetta la polpa riducendola a poltiglia, aggiungere subito il succo di limone, salare e pepare. Mescolare ora la polpa col riso, amalgamando bene, e riempire le due mezze bucce di avocado. Servire subito, altrimenti l'avocado annerisce.

## 3.3  Basmati con salsa al curry

Ricetta di:   Brinella
Difficoltà:    Facile
Tempo:       20 minuti
Stagione:    Autunno

### Ingredienti per 2 persone

- ?  2 zucchine lesse

- ? mezza patata lessa
- ? mezza cipolla
- ? 1 fetta di zucca lessa grande circa come le zucchine
- ? 1 spicchietto piccolo di aglio
- ? 1 cucchiaio di olio
- ? 140 grammi di riso basmati
- ? curry qb
- ? mezzo bicchiere di panna di soia

## Preparazione

Mettere a bollire il riso basmati in acqua salata. Nel frattempo tagliare a fettine sottili la cipolla e lasciarla soffriggere per un paio di minuti nell'olio. Aggiungere le zucchine, la patata la zucca e l'aglio tagliati a pezzettini piccoli e cuocere il tutto per 5 minuti. Se si utilizzano verdure fresche anziche' gia' lessate, far cuocere di piu' (15 min. circa). Aggiustare di sale, aggiungere curry secondo il vostro gradimento (io ne ho messo mezzo cucchiaino) e la panna di soia. Cuocere ancora per 2 minuti schiacciando un po' le verdure affinchè si formi un po' di cremina. Non far a asciugare troppo la panna! Scolare il riso. Servire il piatto con sotto il riso basmati e sopra la salsa al curry e verdure.

## 3.4 Bavette alla crema di asparagi

Ricetta di: Ariel444
Difficoltà: Facile
Tempo: 30 minuti
Stagione: Primavera

## Ingredienti per 5 persone

- ? 250 g di asparagi
- ? un bicchiere di latte di soia non zuccherato o di latte d'avena
- ? olio di mais qb
- ? farina 00
- ? olio extra vergine di oliva
- ? qualche fogliolina di timo fresco o secco
- ? pepe

? 500 g di bavette

## Preparazione

Tagliare a dadini non troppo grandi gli di asparagi e metterli in padella con un dito d'acqua. Farli cuocere finché saranno 'al dente' e versare poi il bicchiere di latte vegetale. Aggiungere un filo d'olio di mais, un po' di sale e far amalgamare a fuoco bassissimo mescolando spesso, finché diventa una specie di crema molto liquida. Appena prima di scolare la pasta e versarla nel condimento, aggiungere qualche pizzico di farina per rendere il composto più cremoso. Mescolare il tutto e aggiungere un filo di olio extra vergine di oliva e qualche fogliolina di timo fresco o secco. Aggiungere pepe, se piace,

## Note

Non è indicata la pasta integrale a causa del suo sapore troppo... invadente.

## 3.5 Bavette alla sabbia

Ricetta di:        Myeu
Difficoltà:        Facilissima
Tempo:            20 minuti
Provenienza:   Umbria

## Ingredienti per 2 persone

? 200 g di bavette (o spaghetti)

? olio d'oliva

? 2 spicchi d'aglio

? un peperoncino essiccato

? 20 olive nere a rondelle

? 20 olive verdi a rondelle

? una o due manciate di pangrattato

## Preparazione

Lessare le bavette. Nel frattempo tritare finemente l'aglio e il peperoncino. Quandi la pasta è quasi pronta, far scaldare un po' d'olio in un'ampia padella e soffriggervi il trito di aglio e peperoncino. Quando si è appena colorato, versarvi le bavette scolate al dente. Far saltare per qualche minuto, poi spegnere il fuoco, aggiungere le olive ed il pangrattato.

## 3.6  Borsch

Ricetta di:        Myeu
Difficoltà:        Media
Tempo:             50 minuti
Provenienza:       Altro (Ucraina-Russia)

### Ingredienti per 2 persone

- ? 3 barbabietole lessate
- ? una cipolla
- ? 3 spicchi d'aglio
- ? una carota
- ? un gambo di sedano
- ? olio di semi di girasole
- ? un cucchiaio raso di concentrato di pomodoro
- ? 50 ml di aceto oppure Cetriolini in salamoia (sezione 12.6, pagina 991)
- ? 1 litro di brodo vegetale
- ? 200 g di cavolo cappuccio bianco
- ? alloro
- ? pepe
- ? aneto
- ? un cucchiaino di salsa barbecue
- ? panna acida vegan

### Preparazione

Tagliare cipolla, carota e sedano a dadini e far soffriggere nell'olio di girasole. Aggiungere 2 spicchi di aglio tritati finemente e dopo poco unire le barbabietole a pezzetti più o meno grossolani e il concentrato di pomodoro. Spruzzare con l'aceto. Far evaporare e unire il brodo, il cavolo cappuccio a strisioline, l'alloro e il pepe. Portare a ebollizione e cuocere per 30-40 min. A fine cottura, unire un cucchiaino di salsa barbecue per dare un gusto affumicato e lasciare riposare per due minuti.

Al momento di servire, spolverare con aneto fresco o, in mancanza, dragoncello, oppure prezzemolo, oppure barbe del finocchio. A piacere accompagnare con panna acida.

## Note

Per rendere la variante vegan più simile all'originale russa si possono usare le barbabietole fresche, pelate e cotte intere e poi sminuzzate, avendo cura di usare poi metà acqua di cottura e metà brodo vegetale, oppure cuocendole direttamente nel brodo, usando nella ricetta quelle fresche tagliate al posto di quelle lessate e aumentando i tempi di cottura.

Un altro accorgimento è di sostituire l'aceto con la salamoia di cetriolini (vedi ricetta: Cetriolini in salamoia (sezione 12.6, pagina 991) ), triplicandone le dosi.

## 3.7  Bucatini al pangrattato

Ricetta di:   FireandRain
Difficoltà:   Facile
Tempo:        20 minuti

## Ingredienti per 4 persone

? 400 g di bucatini (preferibilmente integrali)

? 2 grosse cipolle

? 2 spicchi di aglio

? 4 cucchiai di pangrattato

? 2 bicchieri di vino bianco

? 1 bicchiere di olio extravergine di oliva

? peperoncino

? origano

## Preparazione

Affettate finemente cipolla e aglio e poneteli a rosolare in un largo tegame insieme con l'olio. Dopo pochi istanti unite anche il pangrattato in modo che anch'esso si rosoli, ma fate attenzione che la cipolla non prenda troppo colore. Non appena il condimento tende ad essere assorbito, bagnate con il vino e condite con un pizzico di origano, sale ed un po' di peperoncino.

Lessate nel frattempo la pasta, scolatela al dente e passatela nel tegame con le cipolle e il vino che non sarà ancora del tutto evaporato.

Spadellate infine per alcuni istanti sul fuoco, aggiungendo un po' di olio a crudo se ce ne fosse bisogno.

**Note**

Anziché i bucatini può essere utilizzato un altro formato di pasta, sempre preferibilmente integrale.

Personalmente consiglio in ogni caso un formato di pasta lunga (linguine, spaghetti, ecc.), poichè maggiormente si presta a sposarsi al condimento e ad esaltarne il sapore.

## 3.8   Bucatini all'Emilia

| | |
|---|---|
| Ricetta di: | Milou |
| Difficoltà: | Facile |
| Tempo: | 30 minuti |
| Provenienza: | Campania |
| Stagione: | Estate |

## Ingredienti per 2 persone

- ? 6 pomodori san marzano o vesuviani
- ? olio d'oliva (circa mezzo bicchiere)
- ? origano
- ? prezzemolo
- ? basilico
- ? pangrattato
- ? 2 spicchi d'aglio in camicia
- ? 200 g di bucatini

## Preparazione

In una teglia da forno (dimensioni indicative 40x20 cm) disporre i pomodori divisi in due nel senso della lunghezza e privati del picciolo, fino a ricoprire tutta la teglia (senza sbucciarli e privarli dei semi). Aggiungere gli spicchi d'aglio interi. Ricoprire con le erbe, il sale, il pangrattato e infine con l'olio. Mettere in forno a 180 gradi per circa 20 min. Nel frattempo cuocere i bucatini, scolarli e mescolarli al sugo di pomodori.

## Note

Il segreto di questa ricetta è abbondare con le erbe, il pangrattato e l'olio. I pomodori dovrebbero essere completamente ricoperti di verde.

## 3.9   Cannelloni ai funghi

Ricetta di:   Ariel444
Difficoltà:    Media
Tempo:        60 minuti

## Ingredienti per 6 persone

Besciamella:

- ? 500 ml di acqua

- ? 3 cucchiai di farina
- ? 4 cucchiai di lievito secco in scaglie
- ? Noce moscata qb

Salsa di pomodoro:

- ? olio evo
- ? uno spicchio d'aglio
- ? passata o pelati tagliuzzati

Ripieno:

- ? una cipolla piccola o mezza grande
- ? funghi (vanno bene anche gli champignon in vaschetta)
- ? mezzo panetto di tofu bianco
- ? prezzemolo
- ? erba cipollina
- ? vino bianco
- ? olio evo

## Preparazione

Preparare la besciamella nel modo seguente: miscelare tutti gli ingredienti e portare a ebollizione finché non si raggiunga la consistenza della besciamella. Aggiungere acqua se troppo densa o farina se troppo liquida.

Salsa di pomodoro: un filo d'olio evo e uno spicchio d'aglio, poi togliere lo spicchio d'aglio ed aggiungere il pomodoro, passata o pelati tagliuzzati. Far cuocere per almeno tre quarti d'ora controllando che non si secchi troppo.

Ripieno: trifolare con cipolla i funghi ed aggiungere prezzemolo ed erba cipollina. Quando i funghi si stanno seccando aggiungere del vino bianco e saltarli in padella. Frullare il tutto grossolanamente insieme a mezzo panetto di tofu al naturale e riempire i cannelloni.

Preparazione dei cannelloni: oliare leggermente la teglia e posare prima i cannelloni, già riempiti del composto di funghi e tofu, poi coprirli di salsa di pomodoro facendo attenzione a girarli su loro stessi affinché non si attacchino tra loro e la salsa si stenda bene. Di seguito coprire il tutto con la besciamella.
Infornare per circa 40-45 minuti, a seconda del tipo di forno, finché non si dora la superficie.

## 3.10  Cannelloni di magro

Ricetta di:    Lia78
Difficoltà:    Media
Tempo:         60 minuti
Stagione:      Inverno, Primavera

## Ingredienti per 2 persone

- ? 1 porro
- ? 1 mazzo di bietoline
- ? 10 cannelloni di grano duro
- ? 200 g di ricotta di soia
- ? panna di soia
- ? passata di pomodoro
- ? noce moscata
- ? pepe
- ? lievito alimentare in scaglie
- ? olio extra vergine d'oliva

**Preparazione**

Tagliate a fettine sottili il porro. Pulite le bietoline senza scolarle troppo accuratamente. In una padella larga scaldate un po' d'olio extravergine e soffriggete delicatamente il porro. Dopo un minuto, aggiungete le bietoline grossolanamente affettate, un pizzico di sale, coprite e lasciare stufare a fuoco basso per un po'. Le bietoline tireranno fuori la loro acqua, ma se si dovessero asciugare troppo, aggiungetene un pochino. Poco prima della cottura scoperchiate la pentola.
Nel frattempo, portate ad ebollizione abbondante acqua salata con un cucchiaio d'olio e sbollentate per pochi minuti i cannelloni, per facilitarne poi la cottura in forno. Lasciateli asciugare senza sovrapporli, in modo che non si attacchino.
Nel frattempo, preparate un sugo non eccessivamente denso con la passata di pomodoro e un po' di panna di soia.
Preparate la Ricotta di soia (sezione 8.11, pagina 653) e poi il ripieno per i cannelloni mescolando la ricotta, le bietoline e un po' di panna di soia. Aromatizzate con una spolverata di noce moscata e una macinata di pepe, e aggiustate di sale.
Ungete il fondo di una pirofila e sistemateci i cannelloni riempiti con l'ausilio di un cucchiaino. Ricoprite con abbondante salsa di pomodoro e fate gratinare nel forno acceso a 180 per circa mezz'ora. Poco prima di toglierli dal forno, spolverate la superficie con un po' di lievito alimentare in scaglie.

## 3.11   Cannelloni patate e funghi

Ricetta di:    Lifting_Shadows
Difficoltà:    Media
Tempo:         60 minuti
Stagione:      Inverno, Primavera, Autunno

## Ingredienti per 2 persone

- ? 3 patate grandi
- ? 3 funghi cardoncelli (dovranno essere più o meno 240 g)
- ? 8 cannelloni di grano duro
- ? un cucchiaino di margarina
- ? noce moscata
- ? un po' di latte di soia
- ? besciamella di soia (pronta o autoprodotta)

**Preparazione**

Pelare le patate e lessarle in acqua bollente salata (ci vorranno almeno 25 minuti). Nel frattempo tagliare a cubetti piccoli i funghi e cuocerli a vapore per 10 minuti. Passare le patate nello schiacciapatate.

In un tegame far sciogliere la margarina e farvi insaporire i funghi per qualche minuto. Aggiungere le patate, qualche goccio di latte ma senza esagerare, perché l'impasto deve comunque restare solido. Aggiungere la noce moscata e aggiustare di sale. Lasciare cuocere ancora qualche minuto e nel frattempo accendere il forno a 180 gradi.

Farcire i cannelloni e disporli su una teglia, di cui avrete oliato il fondo e dove avrete versato un primo strato di besciamella di soia. Ricoprire i cannelloni di besciamella e cuocere per 30 minuti.

Per la besciamella, ecco la ricetta: Besciamella (sezione 12.2, pagina 988)

**Note**

Meglio mettere una ciotolina d'acqua sul fondo del forno, così i cannelloni non dovrebbero seccarsi.

Ho farcito otto cannelloni, ma è quasi inevitabile che un po' di impasto avanzi... è buono anche così!

## 3.12 Cannelloni vegricotta e spinaci

Ricetta di: Lifting_Shadows
Difficoltà: Media
Tempo: 40 minuti
Stagione: Primavera, Autunno

**Ingredienti per 8 persone**

? 1 confezione di cannelloni di sola semola

Per il ripieno:

? ricotta di soia autoprodotta secondo la ricetta della Ricotta di soia (sezione 8.11, pagina 653) , utilizzando due litri di latte di soia al naturale e dieci cucchiai di aceto di mele

? 1.5-2 kg di spinaci

? scalogno

? noce moscata

? olio

Per la salsa:

? passata di pomodoro

? 1 spicchio d'aglio

## Preparazione

Soffriggete lo scalogno tritato, quindi aggiungete gli spinaci, il sale e la noce moscata. Aggiungete un po' di acqua, lasciate cuocere a fuoco lento e spegnete quando sono teneri. Aggiungete la ricotta agli spinaci e mescolate.
In un'altra padella soffriggete l'aglio, la salsa di pomodoro, e aggiungete un po' di acqua di cottura degli spinaci per allungare un po' la salsa. Regolate eventualmente di sale.
Preriscaldate il forno a 180.
Farcite i cannelloni col composto di ricotta e spinaci e disponeteli su una teglia, sul cui fondo avrete versato un po' di salsa. Disponeteli su due file, così quelli sotto resteranno morbidi e quelli in superficie diventeranno croccanti. Versate la salsa di pomodoro fra una fila e l'altra, e per concludere anche in superficie.
Cuocete per 20-30 minuti.

## Note

Se non li avessi preparati io avrei avuto il serio dubbio che ci fosse la ricotta vaccina. Il sapore è molto simile, la consistenza fantastica, ma non c'è quel retrogusto 'bovino' e il risultato finale è mille volte più leggero della versione non vegan. Hanno fatto tutti il bis senza accusare pesantezza o nausea!

## 3.13  Cappelletti in brodo

| | |
|---|---|
| Ricetta di: | Momma4 |
| Difficoltà: | Media |
| Tempo: | 60 minuti |
| Provenienza: | Toscana |

## Ingredienti per 6 persone

Per la pasta:

? 250 g di farina

? 120 ml d'acqua

? un pizzico di curcuma

? un pizzico di sale

Per il ripieno:

? seitan sbriciolato

? chorizo vegetale

? noce moscata

? pepe

? scorza di limone grattugiata

? brodo vegetale fatto in casa (o granulare da sciogliere al momento)

## Preparazione

Mettere la farina a fontana sulla spianatoia, aggiungere il sale ed un pizzico di curcuma (quanto basta per dare il colore giallo alla pasta) e aggiungere lentamente l'acqua, mentre si impasta e si forma una palla morbida ed elastica.  Coprire con un panno umido (o con la pellicola trasparente) e lasciar riposare 30 minuti.

Nel frattempo passare al mixer tutti gli ingredienti per il ripieno e abbondare di noce moscata che fa tanto festa.

Tirare la sfoglia col mattarello (per chi ce la fa, altrimenti con l'apposita macchina che rende la sfoglia già pronta in 'fogli') e con un coltello ritagliare tanti quadratini di circa due centimetri. Porre un pizzico di ripieno nel centro e piegare a triangolo la pasta, avendo cura che il ripieno resti dentro la sfoglia, poi avvicinare le punte e stringere appiattendole, ottenendo il 'cappelletto'

Preparare un brodo vegetale casereccio con carota, cipolla, costa di sedano ed aromi o utilizzare il granulare da sciogliere nell'acqua, portare a bollore e far scendere nel brodo bollente i cappelletti.

Saranno ben cotti quando tutti torneranno in superficie (ma un assaggino, comunque s'impone!).

## Note

Ho notato che se il cibo vegano assume l'aspetto del cibo carnivoro, viene apprezzato molto di più da chi non è vegan, ed in fondo a dar sapore al ripieno non è tanto la carne in sè quanto gli aromi che vengono usati. L'impasto viene bene anche sostituendo al seitan il tofu, ma in quel caso è meglio aumentare le dosi degli aromi.

## 3.14  Carbonara vegan

Ricetta di:       FrancescaVeg
Difficoltà:       Facile
Tempo:            20 minuti
Provenienza:      Lazio
Stagione:         Estate, Autunno

### Ingredienti per 4 persone

- ? spaghetti

- ? seitan affumicato

- ? tofu al naturale

- ? 1 zucchina, 1 carota, sedano

- ? curcuma

- ? pepe

- ? latte di soia (al naturale, senza zucchero)

- ? olio extravergine di oliva

- ? sale marino fino e pepe q.b.

### Preparazione

Preparate un trito di zucchina, carota e sedano tagliati molto molto fini. Fatelo soffriggere in olio extravergine di oliva, aggiungete il seitan affumicato a cubetti e del vino rosso per sfumare, giratelo di tanto in tanto a fuoco medio.
Schiacciate il tofu e unitelo a un po' di latte di soia, in modo da ottenere una pappetta cremosa. Mentre mischiate aggiungete a pioggia la curcuma finchè il tofu non si colorerà tutto di giallo e infine aggiungete il pepe. Assaggiate, perché è forte come sapore. Ricordatevi di aggiungerci sale fino e assaggiare di tanto in tanto-
Aggiungiamo il tutto al nostro seitan, alziamo leggermente la fiamma e mischiamo.
E' fondamentale mischiare continuamente in modo che sia tutto omogeneo, girate girate e girate.
Solo quando vi sembra di aver cotto tutto abbastanza, scolate gli spaghetti e riversateli nella loro pentola aggiungendo contemporaneamente il condimento.
Quando spaghetti e condimento saranno una cosa sola, allora e solo allora potrete spegnere il fuoco e cominciare a servire in tavola questa delizia ancora fumante.

## Note

E vedrete, e' buonissima, meglio dell'originale!

## 3.15 Carbonara vegan

Ricetta di: Fiordaliso09
Difficoltà: Facile
Tempo: 20 minuti

### Ingredienti per 3 persone

? 250 grammi di spaghetti

? 150 ml di panna da cucina 100% vegetale

? 1 cipolla bionda media

? 80 grammi di salame vegetale vegourmet (o altro affettato vegetale piccante e affumicato)

? 1 cucchiaino colmo di curcuma

? olio extravergine di oliva

? sale e pepe

### Preparazione

Lessare la pasta, e mentre cuoce tritare finemente la cipolla bionda e farla soffriggere in 3 cucchiai di olio extravergine di oliva, senza farla scurire. Appena la cipolla è morbida, aggiungere il salame vegetale che avrete preparato affettandolo in 4 fette spesse 1 cm e tagliandolo poi a dadini non troppo grandi; fare insaporire tutto un paio di minuti, quindi versare la panna vegetale e la curcuma, infine aggiustare di sale e pepe e spegnere la fiamma.,Scolare la pasta al dente e versare nella padella mescolando molto bene. Servire subito.

### Note

Il salame Vegourmet col suo gusto piccante e affumicato dà un tocco perfetto a questo piatto da servire appena fatto.

## 3.16  Cjalsons

Ricetta di:       Andrealris
Difficoltà:       Media
Tempo:            75 minuti
Provenienza:      Friuli-Venezia Giulia (Carnia)

## Ingredienti per 8 persone

Per la pasta:

? 500 g di farina

? 3-4 cucchiai di olio extravergine di oliva

? acqua tiepida q.b.

? sale

Per il ripieno:

? 350 g di patate cotte al vapore e schiacciate

? 2 cipolle

? una noce di margarina

? 140 g di uvetta

? grappa (opzionale)

? 100 g di zucchero di canna

? cannella

? menta secca

? sale, pepe

? la scorza grattuggiata di un limone

Per il condimento:

? margarina/olio q.b.

? cannella

? pepe

**Preparazione**

Impastare la farina, l'olio, l'acqua e il sale fino a ottenere un impasto liscio e elastico; lasciar riposare coperto almeno venti minuti. Tagliare le cipolle a dadini e farle soffriggere con una noce di margarina fino a farla imbiondire. Nel frattempo mettere in ammollo l'uvetta in acqua e grappa (o anche solo in acqua). Mescolare le patate con lo zucchero, la cannella, la menta, la scorza del limone. Quando sono pronte unire le cipolle; strizzare l'uvetta e unirla al composto. Regolare di sale e pepe. Far raffreddare.

Stendere l'impasto ottenendo una sfoglia il più possibile sottile, tagliarne dei cerchi dal diametro di circa 5 cm. Farcirli con un cucchiaino di impasto, inumidire i bordi e piegarli a metà; premere bene i bordi per evitare l'apertura in cottura (è possibile usare l'apposito attrezzo).

Porre sul fuoco una pentola con abbondante acqua e portare a ebollizione, salare. Nel frattempo scaldare in una padella margarina o olio con una spruzzata abbondante di cannella. Buttare i cjalsons pochi alla volta nell'acqua bollente, man mano che vengono a galla scolarli con una schiumarola e adagiarli nella padella, mescolandoli con attenzione.

Servire in piatti individuali con una spolverata di pepe.

## 3.17 Conchiglioni ai funghi al gratin

Ricetta di: ElenaP
Difficoltà: Media
Tempo: 40 minuti

### Ingredienti per 2 persone

- ? 30 conchiglioni (pasta di semola di grano duro)
- ? 400 g di funghi trifolati
- ? 300 g di tofu bianco al naturale
- ? 75 g di noci tritate
- ? 1 cucchiaio di olio d'oliva e.v.
- ? sale
- ? 4 cucchiai colmi di lievito alimentare in scaglie
- ? 1 cucchiaio di misto aglio e prezzemolo tritati
- ? 2 cucchiai latte di soia
- ? mezzo litro di besciamella vegan pronta o fatta in casa (vedi ricetta [RICETTA 1501]

## Preparazione

Frullare nel mixer il tofu con i funghi trifolati (meglio se cucinati a casa, di qualsiasi tipo anche misti a piacere), l'olio, le noci, 2 cucchiai di lievito in scaglie, l'aglio e il prezzemolo in crudo. un po' di latte soia per diluire e il sale . Miscelare fino a ottenere una crema omogenea.
Fare bollire dell'acqua e sbollentare per 2-3 minuti i conchiglioni: non devono cuocere, ma solo ammorbidirsi un po'; finiranno la cottura in forno e assorbiranno meglio la crema.
Prelevarli e posarli sullo scolapasta. Versare un po' di crema ai funghi sul fondo della teglia e riempire ogni singolo conchiglione con un cucchiaio colmo della stessa crema e porli nella teglia, lasciando un po' di spazio tra uno e l'altro.
Aggiungere alla besciamella 2 cucchiai di lievito in scaglie e usarla per ricoprire il tutto. Gratinare in forno a 150 gradi per 20 minuti.

## 3.18 Conchiglioni di Natale

Ricetta di:    Arieldubois
Difficoltà:    Media
Tempo:         60 minuti

### Ingredienti per 4 persone

- ? 16 conchiglioni giganti
- ? 100 g di granulare di soia secco
- ? trito di sedano-carote-cipolla
- ? mezzo bicchiere di vino rosso
- ? 2 chiodi di garofano
- ? 1 foglia di alloro
- ? 1 dado vegetale
- ? mezza lattina di piselli grandi
- ? sugo di pomodoro qb
- ? besciamella vegan (già pronta oppure preparata con la ricetta: Besciamella (sezione 12.2, pagina 988) )
- ? formaggio vegan tipo edamer
- ? olio extravergine d'oliva
- ? pangrattato
- ? trito di frutta secca (facoltativo)

## Preparazione

Per il ragù di soia, tritare sedano-carota-cipolla, soffriggere con poco olio e aggiungere il granulare di soia secco; poco dopo, sfumare con il vino rosso. Una volta evaporato, aggiungere il sugo di pomodoro, i due chiodi di garofano, la foglia di alloro, il dado e coprire con acqua calda. Lasciare cuocere con il coperchio finche' si sarà ristretto e aggiungere i piselli ben scolati e sciacquati quasi a fine cottura. Nel frattempo lessare i conchiglioni in abbondante acqua salata per circa 10-15 minuti. Prelevarli con un mestolo senza romperli e farli raffreddare.
Preparare una teglia da forno unta con un filo d'olio e pangrattato.
Quando il sugo sarà cotto e intiepidito togliere l'alloro e i chiodi di garofano e versare insieme la besciamella mescolando bene. Riempire i conchiglioni col sugo e un pezzo di formaggio vegan e allinearli nella teglia. Tenere un pochino di sugo e versarlo sulla pasta. Cospargere con il trito di frutta secca, ancora un poco di pangrattato e gratinare in forno già caldo per almeno 25 minuti.
Se dovesse seccare troppo, coprire con un foglio di alluminio.

## Note

E' una preparazione che richiede del tempo, ma il risultato sarà strepitoso!

## 3.19 Cous cous al pesto di pompelmo

Ricetta di:  Myeu
Difficoltà:  Facile
Tempo:  15 minuti

## Ingredienti per 2 persone

- ? basilico
- ? menta
- ? origano
- ? 100 g di mandorle
- ? un pomodoro
- ? 50 g di capperi
- ? un pompelmo rosa
- ? 140 g di cous cous
- ? olio d'oliva
- ? pinoli tostati

## Preparazione

Tritare le mandorle e, separatamente, i capperi. Tagliare il pomodoro a dadini cercando di conservarne il succo. Pelare a vivo il pompelmo rosa e sminuzzarlo. Unire tutti gli ingredienti in una ciotola, aromatizzare con basilico, menta e origano tritati. Amalgamare con 2 cucchiai di olio d'oliva. Preparare il cous cous come indicato sulla confezione. Mescolare il pesto al cous cous ed accompagnare con pinoli tostati.

## 3.20   Cous cous di kamut ai ceci

Ricetta di:      Sano90
Difficoltà:      Facile
Tempo:           15 minuti
Provenienza:     Mediorientale

## Ingredienti per 4 persone

- ? 200 g di ceci tostati

- ? 180 g di cous cous di kamut

- ? 2 spicchi di aglio

- ? 2 cucchiaini di curry

- ? olio evo

- ? peperoncino

- ? prezzemolo

## Preparazione

In una padella versare i ceci tostati e 4 bicchieri di acqua; portere a ebollizione. Togliere la padella dal fuoco e versare il cous cous di kamut. Lasciare gonfiare il kamut per 2 minuti continuando a mescolare. Rimettere la padella sul fuoco e cuocere per 3 minuti. Aggiungere aglio a pezzetti, curry, sale e olio. Mescolare il tutto e servire con una foglia di prezzemolo.

## 3.21 Cous cous esotico

Ricetta di: Serendip
Difficoltà: Facile
Tempo: 20 minuti
Stagione: Estate, Autunno


**Ingredienti per 2 persone**

- ? 150 g di cous cous

- ? succo di un limone e di mezza arancia (facoltativo)

- ? un mazzetto di menta fresca tritata (o un cucchiaio di menta secca)

- ? una manciata di uvetta

- ? un cucchiaio di pinoli

- ? 1/4 di cipolla rossa

- ? 1/4 di peperone giallo

- ? 1/4 di peperone rosso o verde

- ? senape in polvere

- ? aceto di mele o di vino bianco

- ? olio extravergine di oliva

- ? sale e pepe


**Preparazione**

Far rinvenire l'uvetta in poca acqua tiepida per qualche minuto. A parte, mescolare il succo di arancia e limone, la menta, l'aceto, la senape in polvere, la cipolla tagliata a fettine, i peperoni tagliati a dadini e un pizzico di sale. Preparare il cous cous seguendo le indicazioni sulla confezione, usando però questa miscela al posto di una pari quantità dell'acqua di cottura. Sgranare per bene, poi aggiungere l'uvetta strizzata, i pinoli, l'olio e il pepe, e mescolare ancora. Si serve tiepido o freddo.


## 3.22 Crema di carote e noci

Ricetta di:
Difficoltà:
Tempo:
Web:

**Ingredienti per 4 persone**

- ? 500 g di carote
- ? 1 litro di brodo vegetale
- ? 1 cipolla
- ? 1 cucchiaino di curry
- ? 2 cucchiaini di farina
- ? 10 noci
- ? sale e pepe q.b.
- ? crostini (facoltativi)

**Preparazione**

Pulire e tagliare le carote a fettine, poi cuocerle per circa mezz'ora nel brodo vegetale. Estrarre le carote e farne una purea.

Tritare la cipolla e farla imbiondire nell'olio, aggiungere il curry e la farina sciolti in poca acqua calda, amalgamare sul fuoco mescolando con un cucchiaio di legno e aggiungere lentamente il brodo caldo.

Aggiungere le carote in purea e le noci spezzettate. Regolare di sale e pepe. Servire con crostini.

## 3.23 Crema di castagne e salvia

Ricetta di:  Myeu
Difficoltà:  Media
Tempo:  30 minuti
Stagione:  Autunno

**Ingredienti per 2 persone**

- ? 3 cucchiai di olio
- ? cipolla tritata
- ? 6 foglie di salvia tritate
- ? 1 spicchio di aglio tritato
- ? 1,5 l di brodo vegetale
- ? 400 g di castagne cotte

? 100 ml di panna vegetale (vanno bene sia la panna liquida che la Panna acida vegan (sezione 12.21, pagina 1005) )

? sale, pepe

## Preparazione

Riscaldare l'olio, saltarvi le cipolle e farle intenerire, poi aggiungere l'aglio e la salvia, facendo insaporire per un paio di minuti.

Aggiungere un litro di brodo vegetale e le castagne, cuocendo per 15 minuti.

Togliere dal fuoco e frullare: la minestra diventerà più spessa, quasi simile ad un porridge o a del semolino: quindi, se gradite diluirne la consistenza, aggiungete il restante brodo vegetale poco alla volta. Aggiungere e amalgamare la panna o la panna acida, salare (almeno un pizzico di sale è necessario, soprattutto se usate un brodo non salato, dato che le castagne sono molto dolci) e pepare. Se necessario, scaldare ancora un poco la crema ottenuta.

## Note

Si può servire con delle foglie di salvia fritte come guarnizione.

## 3.24 Crema di patate

Ricetta di: Brinella
Difficoltà: Facilissima
Tempo: 40 minuti
Stagione: Inverno, Autunno

## Ingredienti per 4 persone

? 4 patate di media grandezza

? mezzo porro

? noce moscata

? panna vegetale (facoltativa)

## Preparazione

Sbucciare le patate e tagliarle a pezzettoni. Pulire il porro e tagliarlo a fettine. Mettere il tutto in una pentola e ricoprire di acqua. Aggiungere il sale. Lasciar cuocere per una mezz'ora circa o fino a quando le patate non saranno cotte. Frullare tutto con il mixer fino a raggiungere la consistenza di una crema. Aggiungere un po' di noce moscata e, se piace, un cucchiaio di panna vegetale.

## 3.25   Crema estiva di carote

Ricetta di:   Cricchia
Difficoltà:   Facile
Tempo:        50 minuti

### Ingredienti per 3 persone

- ? carote 800 g

- ? patata 1 media

- ? cipollotto 1

- ? limone 1 e 1/2

- ? margarina 1 cucchiaio

- ? timo (facoltativo)

### Preparazione

Pulire e tagliare in grossi pezzi le carote e la patata, poi far cuocere a vapore (circa 20 min). Lasciare intiepidire, avendo cura di conservare l'acqua della cottura, quindi ridurre a pezzettini. Tagliare a rondelle il cipollotto e farlo rosolare nella margarina, aggiungere carote e patata e lasciare sul fuoco circa 5 minuti girando spesso. Grattugiare la buccia di un limone, spremerne il succo e aggiungere entrambi alle carote. Infine mettere l'acqua della cottura conservata ed eventualmente altra acqua se la crema piace meno densa. Far prendere il bollore, aggiustare di sale e spegnere il fuoco. Col frullatore ad immersione ridurre in crema e porre in frigorifero a raffreddare.
Al momento di servire spolverare con foglioline fresche di timo (oppure prezzemolo) e aggiungere a piacere qualche goccia di succo di limone. Si può accompagnare con crostini di pane.

## 3.26   Crema verde marmorizzata

Ricetta di:      Myeu
Difficoltà:      Facile
Tempo:           45 minuti
Provenienza:  Altro (Germania)

### Ingredienti per 3 persone

? 400 g di patate

? 2 carote

? una costa di sedano

? un grosso porro oppure 2 scalogni

? olio di oliva

? 800 ml di brodo vegetale

? un cucchiaino di noce moscata

? un cucchiaino di pepe nero

? 100 ml di panna vegetale

? 150 g di spinaci scongelati

? Panna acida vegan (sezione 12.21, pagina 1005) a piacere

### Preparazione

Tritare carote, sedano e porri e farli soffriggere con l'olio in una pentola ampia. Dopo qualche minuto aggiungere anche le patate sbucciate e tritate grossolanamente. Unire la noce moscata, il pepe nero ed il brodo vegetale. Portare a bollore e cuocere per circa 30 minuti. Trascorso questo tempo, incorporare gli spinaci e la panna da cucina; cuocere per 3 minuti, dopodiché passare tutto al minipimer fino ad ottenere una crema.
Al momento di servire, versare una cucchiaiata di panna acida al centro di ogni piatto di crema e mescolare a spirale con una forchetta per ottenere l'effetto marmorizzato.

## 3.27 Crepes ai cardi

Ricetta di:   Fiordaliso09
Difficoltà:   Media
Tempo:        75 minuti
Stagione:     Autunno

### Ingredienti per 4 persone

Per 7/8 crepes:

- ? 125 g di farina
- ? 125 ml di latte di soia (naturale, non dolcificato)
- ? 125 ml di acqua (meglio se frizzante)
- ? sale, pepe

Per la besciamelle:

- ? 500 ml di latte di soia (naturale)
- ? 2 cucchiai di farina
- ? 1 cucchiaio abbondante di lievito alimentare
- ? noce moscata
- ? sale

Per il ripieno:

- ? 1 kg di cardi
- ? 4 cucchiai di olio extravergine di oliva
- ? lievito alimentare
- ? dado vegetale
- ? sale, pepe

### Preparazione

Pulire i cardi togliendo i filamenti (con un pelapatate) e mettendoli a bagno in acqua acidulata con succo di limone.

Con pentola a pressione: tagliare i cardi a fettine di 1 cm di lunghezza e cuocerli col cestello per la cottura a vapore per 30 minuti.

Senza pentola a pressione: tagliare i cardi a grossi pezzi e bollirli per almeno 1 ora; tagliarli a fettine di 1 cm solo dopo la cottura.

Mentre cuociono i cardi, preparare le crepes, mescolando la farina, il sale e il pepe piano piano con la miscela di acqua e latte, fino a creare una pastella senza grumi che poi diluiremo col resto del liquido.

Lasciamo riposare mentre prepariamo la besciamelle.

Con lo stesso procedimento mescoliamo lentamente la farina, il sale, il lievito alimentare e abbondante noce moscata, con il latte di soia, fino a completare la diluizione. Accendere il fuoco e cuocere dolcemente, sempre mescolando senza addensare eccessivamente.

Scolare i cardi a pezzi, saltarli in padella 10 minuti con 4 cucchiai di olio, dado vegetale, aggiustando di sale e pepe.

Cuocere le crepes in padella antiaderente unta di olio, 1 mestolo di impasto alla volta, cercando di stendere bene la pastella; dovrebbero venirne 7/8 a seconda di quanto sono spesse.

Farcire ogni crepe con 2 cucchiai di cardi e 1 cucchiaio di besciamelle e spolverare di lievito, avvolgerla e stenderla in una pirofila unta d'olio. Infine ricoprire ogni crepe con 1 cucchiaio della restante besciamelle, spolverare di pan grattato e lievito alimentare e gratinare in forno 15 minuti.

## Note

Per la besciamelle e le crepes ho preferito questa versione più leggera della ricetta tradizionale: il piatto rimane saporito ma non pesante.

## 3.28 Farfalle ai 3 veganformaggi

Ricetta di: Marina
Difficoltà: Facilissima
Tempo: 20 minuti

## Ingredienti per 2 persone

- ? 200 g di farfalle o altra pasta corta
- ? 100 g di mozzarella vegan
- ? 100 g di formaggio Vegourmet santeciano
- ? 2 cucchiai di lievito alimentare in scaglie
- ? 1 cucchiaio di olio d'oliva
- ? 1 cucchiao di pangrattato (facoltativo)

## Preparazione

Far lessare la pasta e nel frattempo tagliare a dadini piccoli i formaggi vegan. Scolare la pasta, rimetterla subito nella pentola, a fuoco minimo, versare l'olio e mescolare pochi secondi; subito dopo versare il formaggio a dadini, mecolando velocemente per un minuto. Appena il formaggio si è sciolto, aggiungere il lievito e mescolare ancora un minuto. Servire calda, eventualmente cosparsa di pangrattato.

## Note

I formaggi vegan si possono acquistare nei negozi bio oppure, ancora meglio, nei tanti negozi on-line di prodotti vegan.

## 3.29   Farfalle al tofu affumicato

Ricetta di:   Lifting_Shadows
Difficoltà:   Facile
Tempo:        20 minuti
Stagione:     Estate, Autunno

## Ingredienti per 1 persona

- ? mezzo panetto di tofu affumicato

- ? 5-6 pomodorini

- ? una manciata di olive nere

- ? 70 g di farfalle o altro formato come pipe, mezze maniche, ecc., che 'incorporano' il condimento

## Preparazione

Tagliate il tofu a cubetti e quindi sbriciolatelo con una forchetta.
Tritate le olive, tagliate i pomodorini in quattro spicchietti.
Riscaldate l'olio in una padella, quindi versate i pomodori e un po' d'acqua. Dopo 5 minuti, aggiungete le olive e, se necessario, altra acqua. Verso la fine, aggiungete il tofu, regolate di sale (tenete presente che il tofu affumicato è salato di suo), quindi scolate la pasta al dente e saltatela in padella insieme al condimento.

## Note

Volendo potete aggiungere funghi tritati.

## 3.30 Farfalle gialle

Ricetta di: Brinella
Difficoltà: Facile
Tempo: 20 minuti

### Ingredienti per 2 persone

? 160 g di farfalle

? 1 panetto di tofu

? mezza cipolla

? sale e pepe qb

? sale affumicato

? 1 pizzico di curcuma

? 1 bicchiere di piselli freschi o surgelati

### Preparazione

Cuocere in acqua calda salata le farfalle, assieme ai piselli. Nel frattempo, in una padella rosolare dolcemente la cipolla tagliata fine. In un bicchiere alto frullare il tofu con 2 cucchiai di acqua della pasta, un po' di sale affumicato e un pizzico di curcuma. Versare la crema di tofu nella padella con la cipolla e cuocere a fuoco lento, aggiungendo un mestolo di acqua della pasta. Scolare la pasta al dente e versarla, assieme ai piselli, in padella. Mescolare e rar restringere per un minuto, quindi spegnere e aggiungere un po' di pepe. Servire caldo.

## 3.31 Farfalle supergolose

## Ingredienti per 2 persone

- ? farfalle integrali 160 g
- ? pisellini fini
- ? funghi freschi di campagna
- ? alghe hijiki
- ? panna di soia
- ? curcuma
- ? un pizzico di pepe nero
- ? cipolla dorata
- ? olio extravergine d'oliva

## Preparazione

Cuocere le farfalle integrali in abbondante acqua salata. In una padella far soffriggere la cipolla insieme ai funghi alle alghe (precedentemente messe ammollo in acqua fredda per 15 minuti) e ai piselli. A metà cottura aggiungere la curcuma, il pepe nero e un pizzico di sale. Scolare le farfalle, metterle in padella e aggiungere la panna, far saltare pochi secondi e servire!

## 3.32 Farrotto ai funghi

Ricetta di: Enzo83
Difficoltà: Media
Tempo: 60 minuti

## Ingredienti per 2 persone

- ? 250 grammi di farro decorticato
- ? Una confezioni di funghi - 400 grammi - (io ho usato i pleurotus ostreatus, che hanno nomi diversi a seconda della regione)
- ? Olio EVO
- ? Shoyu
- ? Una manciata di prezzemolo (anche quello secco)
- ? Due spicchi di aglio
- ? Pepe, sale

## Preparazione

Al fine di eliminare i cosiddetti fitati, sostanze antinutritive presenti nel farro, lo si ammolla per almeno un 6-8 ore in acqua fredda, previo lavaggio con acqua tiepida. Successivamente si butta l'acqua di ammollo e si mette il farro nella pentola a pressione ricoprendo con il doppio di acqua, la si chiude ermeticamente e si accende il fuoco a fiamma alta, fino a che non si alza la valvola (20 minuti circa). Dopo altri circa cinque minuti la pentola inizierà a sbuffare, quindi abbassare la fiamma, e far cuocere per altri 30 minuti.
Nel frattempo, in una padella far soffriggere nell'olio di oliva i due spicchi d'aglio e in seguito aggiungere i funghi tagliati a pezzettini, il prezzemolo e lo shoyu. Coprire la padella con un coperchio e aspettare che il tutto si cuocia per bene.
Appena il farro è cotto, spegnere la fiamma e, se si vuole, per accelerare i tempi, far sfiatare la pentola alzando la valvola di sfogo. Scolare quindi il farro e unirlo ai funghi e fare cuocere il tutto un altro po' aggiungendo in fine il pepe nero.
Fare raffreddare un pochino e impiattare.

## 3.33 Farrotto pasticciato di verdure

Ricetta di: Difficoltà: Tempo: Stagione:

## Ingredienti per 3 persone

- ? 300 g di farro
- ? 1 broccolo
- ? 1 piccolo radicchio rosso di Chioggia
- ? 1 zucchina grande
- ? mezza cipolla
- ? un grosso spicchio di aglio
- ? sale, pepe
- ? noce moscata
- ? olio extravergine di oliva

## Preparazione

Riempite una pentolina di acqua salata (una manciata di sale, come quando fate la pasta) e mettetela sul fuoco.

Nel frattempo, tagliate il broccolo, il radicchio, la zucchina a pezzi non troppo piccoli e metteteli in una casseruola a cui avrete coperto il fondo con l'olio extravergine di oliva. Aggiungete la cipolla e l'aglio tagliati finemente, il sale, il pepe e la noce moscata. Fate rosolare aggiungendo un po' d'acqua, se necessario. Quando l'acqua raggiungerà l'ebollizione, aggiungete il farro alle verdure e cominciate a farlo cuocere aggiungendo un mestolo d'acqua salata alla volta. Occorre mescolare molto spesso per evitare che si attacchi al fondo.

## Note

Volendo, all'acqua potreste aggiungere anche una porzione di zafferano, io lo uso sempre (quando mi ricordo di comprarlo!).

## 3.34   Fettuccine con crema di peperoni

Ricetta di:   Lifting_Shadows
Difficoltà:   Facile
Tempo:        25 minuti
Stagione:     Estate, Autunno

## Ingredienti per 4 persone

? 1 peperone rosso medio-grande

? 3 pomodori pelati

? panna di soia

? 320 g di fettuccine (di sola semola)

? olio

## Preparazione

Soffriggete il peperone tagliato a listarelle nell'olio, dopo 10 minuti circa aggiungete i pelati, salate e terminate la cottura.

Frullate il tutto e riversatelo nella padella, aggiungete panna di soia secondo i gusti (almeno due belle cucchiaiate sono d'obbligo!), eventualmente aggiustate di sale, cuocete il tutto ancora per 5 minuti.

A parte avrete lessato la pasta: fettuccine e tagliatelle sono i formati che si sposano meglio.

## 3.35 Fusilli zucca e borlotti

Ricetta di:    Vale_Vegan
Difficoltà:    Facilissima
Tempo:         30 minuti
Stagione:      Inverno, Autunno

### Ingredienti per 2 persone

? 170 g di fusilli

? una fettina di zucca sbucciata

? 3 cucchiai di fagioli borlotti lessati

? 1 foglia di salvia

? abbondante timo fresco

? qualche foglia di prezzemolo fresco

? 1 spicchio di aglio pelato

? olio

? sale, pepe, paprika

### Preparazione

In un padella versare un po' di olio, sale, pepe, paprika, l'aglio intero, la zucca a dadini piccoli e far soffriggere a fuoco moderato per qualche minuto; aggiungere quindi i fagioli, le erbette fresche tagliate finemente con una forbice (non tritate) e, aggiungendo poca acqua calda, portare a cottura la zucca (circa 15 minuti). Togliere quindi l'aglio e schiacciare con la forchetta metà dei fagioli, in modo da creare un fondo cremoso. Nel frattempo cuocere la pasta in acqua salata, scolarla al dente e terminare la cottura nel sugo, mescolando bene.

### Note

Se avanzano i gambi del prezzemolo, si possono lavare e mettere nell'acqua di cottura della pasta: le doneranno un profumo unico! Ricordarsi però di toglierli prima di mettere la pasta nel sugo.

## 3.36 Gnocchetti colorati

Ricetta di: ChIa
Difficoltà: Facilissima
Tempo: 30 minuti

### Ingredienti per 4 persone

? 400 g di gnocchetti sardi

? 150 g di pomodori secchi

? 3 manciate di rucola

? sale q.b

? 2 cucchiai di olio extra vergine d'oliva

? 1 cucchiaino di rosmarino tritato

### Preparazione

Mettere a bollire l'acqua per la pasta e nel frattempo preparare un trito con la rucola fresca e i pomodori secchi. Aggiungervi il rosmarino, un pizzico di sale ed un paio di cucchiai d'olio. Lasciar riposare in frigorifero. Buttare la pasta, farla cuocere al dente, scolare tenendo da parte un po' d'acqua di cottura. Unire la pasta agli ingredienti ed aggiustare con l'acqua di cottura per rendere più morbido il 'sugo'. Servrire calda, oppure, raffreddando la pasta sotto l'acqua corrente prima di mescolarla al sugo, si puo' preparare un'ottima pasta fredda, molto saporita.

## 3.37 Gnocchetti di vegricotta

Ricetta di: Iaia
Difficoltà: Media
Tempo: 20 minuti
Stagione: Estate

### Ingredienti per 2 persone

? 1 veg-ricotta; vedi ricetta Ricotta di soia (sezione 8.11, pagina 653)

? 5 cucchiai di farina

? sale

- ? noce moscata

- ? pomodorini

- ? basilico

- ? rucola

- ? olio evo

## Preparazione

Preparare la veg-ricotta e lasciarla scolare in frigorifero per 48 ore, in modo che sia molto compatta.

In un tegamino preparare la salsa, facendo cucinare per pochi minuti i pomodorini nell'olio, aggiungendo sale e basilico. Mettere la ricotta in una ciotola, aggiungere la farina, il sale e una grattata di noce moscata, mescolare bene e modellare con le mani degli gnocchetti rotondi.

Gettare pochi gnocchetti alla volta nell'acqua bollente salata, scolarli con una schiumarola appena tornano a galla, metterli nel piatto, condire con la salsa di pomodorini e basilico, aggiungere (se piace) qualche foglia di rucola.

## 3.38   Gnocchetti limone e basilico

Ricetta di:   Vengodavega
Difficoltà:   Facile
Tempo:        15 minuti
Stagione:     Primavera, Estate

## Ingredienti per 2 persone

- ? 1 limone

- ? Panna di soia mezzo barattolino

- ? Gnocchetti di patate

- ? Basilico fresco qualche foglia

- ? Margarina vegetale 1 noce

## Preparazione

In una padella mettere una noce di margarina e appena sciolta aggiungere la panna di soia insieme al basilico fresco e al limone spremuto. Aggiungere un po' di sale. Quando gli gnocchetti freschi saranno cotti scolarli e ripassarli in padella.

Se la salsa è un po' liquida, si può aggiungere un pizzico di farina per addensare, dopo aver già messo gli gnocchetti.

Gli gnocchi si possono preparare in casa o ocmprare già pronti, scegliendo quelli senza uova.

## 3.39   Gnocchetti sardi filanti

Ricetta di:     Myeu
Difficoltà:     Facile
Tempo:          20 minuti
Provenienza:    Sardegna

### Ingredienti per 2 persone

? 200 g di gnocchetti sardi (in alternativa si possono usare anche le conchiglie)

? 200 g di formaggio vegan che fila e fonde (ad esempio il Vegourmet Santeciano)

? Mezzo tubetto di concentrato di pomodoro

? Olio d'oliva

? Uno spicchio d'aglio

? Basilico tritato

### Preparazione

Portare a ebollizione l'acqua e cuocervi gli gnocchetti.  Nel frattempo tagliare a cubetti il veg-formaggio.  Quando mancano 5 minuti alla fine della cottura della pasta, riscaldare l'olio in un'ampia padella, tagliare a metà l'aglio e fare insaporire. Aggiungere il concentrato, mescolare bene per farlo sciogliere, unire il basilico ed eliminare l'aglio. Scolare gli gnocchetti, versarli nel sugo e aggiungere il vegformaggio, mescolando bene. Far fondere leggermente saltando per 1-2 minuti.

## 3.40   Gnocchi ai ceci piccanti

## Ingredienti per 2 persone

- ? 500 g di gnocchi di patate (anche confezionati, ce ne sono molti di vegan)
- ? 1 vasetto di ceci in scatola da 230 g
- ? un vasetto di polpa di pomodoro da 220 ml
- ? sale, pepe
- ? 1 cucchiaio di olio extravergine di oliva
- ? paprika piccante
- ? peperoncino in polvere
- ? 1 cucchiaio di lievito in scaglie (facoltativo)

## Preparazione

Mettere sul fuoco una pentola d'acqua per lessare gli gnocchi. Mettere in un pentolino la salsa di pomodoro con 2 pizzichi di sale, una spolverata di pepe e un cucchiaio di olio di oliva e far cuocere a fuoco basso. Nel frattempo scolare i ceci, sciacquarli bene sotto l'acqua fredda, sfregandoli con le mani in modo da togliere le bucce. Aggiungere i ceci alla pentola col pomodoro e mescolare bene. Aggiungete un po' di parika piccante e di peperonicono in polvere a piacere, in modo da raggiungere il grado di piccante desiderato. Assaggiare anche per aggiustare di sale. Quando l'acqua bolle, salare e far cuocere gli gnocchi per 2-3 minuti, fino a quando vengono a galla. Scolare, e versare gli gnocchi nella pentola del condimento di ceci al pomodoro, mescolando bene ma delicatamente. Spolverare con lievito in scaglie, se gradito.

## 3.41 Gnocchi ai tre colori

Ricetta di:  Myeu
Difficoltà:  Facile
Tempo:  20 minuti

## Ingredienti per 2 persone

- ? 400 g di gnocchi tricolore (rossi, verdi e gialli) vegan
- ? 4 cubotti di spinaci surgelati oppure 200 g di spinaci freschi
- ? una barbabietola lessata
- ? una lattina di polpa di pomodoro
- ? 1 cipolla

? olio

? basilico

? aglio

## Preparazione

Lessare gli spinaci, scolarli conservando l'acqua per cuocere gli gnocchi e strizzarli molto bene. Nel frattempo preparare un sugo di pomodoro secondo la ricetta che si preferisce (soffriggere un po' di cipolla nell'olio, versare il pomodoro, aggiungo uno spicchio d'aglio tagliato a metà e insaporire con del basilico fresco, facendo sobbollire per 20 minuti).
A metà cottura del sugo aggiungere la barbabietola tagliata a pezzetti. Terminate la cottura e frullare il sugo, tenendolo in caldo. Scottare gli gnocchi e mescolarli al sugo, infine unire gli spinaci leggermente sminuzzati.

## Note

Un'ottima variante può essere ottenuta preparando un pesto di spinaci freschi e mescolandolo al sugo di pomodoro e barbabietola a fine cottura.

## 3.42   Gnocchi al ragù di melanzane

Ricetta di:    Georgia
Difficoltà:    Facile
Tempo:         30 minuti
Stagione:      Estate, Autunno

## Ingredienti per 2 persone

? 10 pomodorini ciliegini

? 1 melanzana grossa

? 1 spicchio d'aglio

? olio exta vergine d'oliva

? sale, pepe

? basilico fresco

? 1 peperoncino secco calabrese

## Preparazione

Mettere in una padella un filo d'olio, uno spicchio di aglio, i pomodorini tagliati a metà; cuocere finchè i pomodorini non si disfano e rilasciano il loro sughetto. Nel frattempo lavare e tagliare a pezzetti una melanzana grossa e metterla nel mixer per farne una sorta di 'macinato'. Aggiungerla al sugo di pomodorini con qualche foglia di basilico fresco e un piccolo peperoncino calabrese, sale, pepe. Cuocere finché il tutto non si amalgama bene e la melanzana si ammorbidisce (circa 20 minuti). Con questo sugo condire gli gnocchi.

## 3.43   Gnocchi alla cruda-Norma

| | |
|---|---|
| Ricetta di: | Myeu |
| Difficoltà: | Facile |
| Tempo: | 30 minuti |
| Provenienza: | Sicilia |
| Stagione: | Estate |

### Ingredienti per 2 persone

? 1 grosso pomodoro oppure 2 medio-piccoli

? mezza melanzana

? 250 g di gnocchi di patate vegan

? basilico fresco

? uno spicchio di aglio

? olio d'oliva

### Preparazione

Tagliare la melanzana a fettine sottili (pochi mm di spessore) e grigliarla. Mentre cuoce, tagliare il pomodoro a dadini e metterlo in una terrina; se dovesse essere troppo acquoso, farlo scolare leggermente prima di metterlo nella ciotola (un po' di liquido è necessario per far amalgamare bene il condimento agli gnocchi).
Condire il pomodoro con un pizzico di sale, un cucchiaino di olio, il basilico spezzettato con le mani e l'aglio schiacciato con l'apposito attrezzo. In mancanza, tritarlo molto finemente.
Una volta che le melanzane sono pronte, unirle al pomodoro e contemporaneamente cuocere gli gnocchi. Dopo un paio di minuti (considerare sempre il tempo indicato sulla confezione) scolarli e versarli nella terrina con il condimento. Mescolare bene prima di servire.

## 3.44 Gnocchi alla romana saporiti

Ricetta di:    Marina
Difficoltà:    Facile
Tempo:    45 minuti
Provenienza:    Lazio

### Ingredienti per 1 persona

? 30 g di semolino

? 200 g di latte di soia (1 bicchiere)

? 2 cucchiai di olio d'oliva (14 g)

? 2 pizzichi di sale fino

? 1 cucchiaio di lievito in scaglie

? noce moscata

### Preparazione

Versare il latte di soia, il sale, 1 cucchiaio di olio in una pentola piccola, grattugiarci sopra un po' di noce moscata (quantità a piacere) e far scaldare a fuoco alto.
Quando è quasi giunto a ebollizione, abbassare il fuoco e versare il semolino a pioggia, mescolando velocemente con una frusta (quella della polenta). Continuare a mescolare lasciando sul fuoco (basso) per 3-4 minuti.
Inumidire una piccola pirofila o un piatto, e versarci dentro il semolino caldo, formando uno strato uniforme di circa un cm. Lasciar raffreddare per circa 20 minuti.
Accendere il forno e portarlo a 200 gradi.
Con una tazzina da caffè inumidita ritagliare dal semolino raffreddato degli gnocchi tondi. Mettere assieme i ritagli avanzati e formare con le mani 1-2 gnocchi un po' meno belli degli altri ;-)
Oliare una pirofila da forno e adagiarci gli gnocchi, passandoci sopra con la mani unte di olio, in modo che siano 'oliati' da ambo i lati.
Mettere in forno.
Dopo 5 minuti girarli. Dopo altri 5 minuti girarli ancora e spolverarli con il lievito in scaglie e lasciare in forno altri 5 minuti.
Servire caldi ma non bollenti!

## 3.45  Gnocchi di carote con alga dulse

Ricetta di:  VVale
Difficoltà:  Media 120
Tempo:       minuti

### Ingredienti per 1 persona

? due carote di media grandezza

? un bicchiere di farina integrale

? sale q.b.

? 3,5 grammi di alga Dulse

? 4 mandorle

? olio evo q.b.

### Preparazione

Lavare bene le carote, tagliarle a tocchetti e lasciarle bollire fino a quando saranno molto morbide.
Tritare grossolanamente le mandorle. Mettere in ammollo le alghe per quindici minuti. Quando saranno morbide tagliarle a piccoli pezzetti e farle soffriggere leggermente con le mandorle. Quando le carote saranno pronte, scolarle e schiacciarle con una forchetta (è possibile anche frullarle). Aggiungere alle carote il bicchiere di farina, sale e acqua a sufficienza per ottenere un impasto leggermente appiccicoso.
Infarinare un tagliere e formare con l'impasto di carote degli gnocchetti. Cuocere gli gnocchi in abbondante acqua e scolateli man mano che vengono a galla. Aggiungerli alla padella con il sugo di alghe, allungato con un paio di cucchiai di acqua di cottura degli gnocchi. Far saltare gli gnocchi con il sugo per insaporire.

## 3.46  Gnocchi di patate

Ricetta di:  laia
Difficoltà:  Media
Tempo:       60 minuti

## Ingredienti per 4 persone

- ? 1 kg e mezzo di patate
- ? 200 g di farina
- ? noce moscata

## Preparazione

Lavare bene le patate, metterle a bollire in acqua fredda e, quando saranno lessate, farle intiepidire e sbucciarle. Passarle con lo schiacciapatate, aggiungere il sale, una grattata di noce moscata e la farina poco alla volta, lavorando l'impasto con le mani, fino a quando diventerà liscio e compatto.

Formare dei rotolini con l'impasto, lavorarli ancora un po' e tagliarli in pezzetti (circa 1 cm e mezzo), metterli su uno strofinaccio cosparso di farina dopo averli passati sul retro di una grattugia per renderli più leggeri.

Buttare pochi gnocchi alla volta in acqua bollente salata; appena tornano a galla saranno pronti.

## Note

La quantità di farina può variare con il tipo di patata usato, meno se ne adopera e più gli gnocchi saranno leggeri.

In questa ricetta ho usato patate rosse invernali, per me le più adatte.

Gli gnocchi possono essere conditi con semplice salsa di pomodoro, ragù di seitan, margarina di soia e salvia, salsa di noci...

## 3.47 Gnocchi di zucca

Ricetta di:   Fiordaliso09
Difficoltà:   Media
Tempo:        40 minuti

## Ingredienti per 2 persone

- ? 500 g di zucca mantovana al netto degli scarti
- ? 150 g di farina
- ? pepe arcobaleno o pepe nero
- ? olio extravergine

? salvia

? gomasio (semi di sesamo pestati, salati e tostati)

## Preparazione

Cuocere a vapore per 10 minuti in pentola a pressione i 500 g di zucca pulita; al termine della cottura schiacciare bene la polpa con una forchetta e aggiungere il sale e poi piano piano la farina. Si otterrà un composto piuttosto diverso dai classici gnocchi.

Portare ad ebollizione una pentola con abbondante acqua salata, quindi aiutandosi con due cucchiaini gettare nell'acqua bollente un cucchiaino alla volta di impasto, rimestando di tanto in tanto gli gnocchi versati nell'acqua delicatamente mentre si fa questa operazione. Quando vengono a galla sono pronti: trasferirli nei piatti con una schiumarola. Se se ne preparano molti, ad esempio per 5 persone, scolare quelli che mano a mano vengono a galla e poi continuare a versare l'impasto, altrimenti nel frattempo quelli già pronti si disfano.

Soffriggere alcune foglie di salvia in olio extravergine di oliva, quindi versare sugli gnocchi scolati l'olio e la salvia, pepare con pepe arcobaleno, oppure pepe nero, quindi spolverare di gomasio.

## Note

Tenere conto che in cottura si gonfiano, pertanto è meglio usare i cucchiaini per dosare l'impasto da gettare nell'acqua.

Se si usano zucche più ricche d'acqua aumentare eventualmente un po' la farina (l'impasto crudo deve venire un po' colloso). Il rapporto in peso tra zucca e farina è in genere 3:1.

## 3.48   Gnocchi integrali alla zucca

Ricetta di:    Liliana.mazzuca
Difficoltà:    Media
Tempo:         70 minuti
Stagione:      Inverno, Autunno

### Ingredienti per 4 persone

Per gli gnocchi:

? 300 g di patate

? 150 g di farina integrale

? curcuma

? pepe nero

? sale

Per la zucca:

? un pezzetto di zucca

? 5/6 pomodorini

? sale

? olio extra vergine d'oliva

## Preparazione

Lessare la patate, passarle nello schiacciapatate e formare l'impasto aggiungendo la farina e le spezie. Creare i cordoni e tagliarli a pezzi per ottenere gli gnocchetti. Finché cuociono le patate, preparare la zucca facendola ammorbidire in acqua e poi aggiungere i pomodorini tagliati a pezzi. Aggiustare di sale e spezie. Cuocere gli gnocchi in acqua salata con un filo d olio per evitare che attacchino e poi aggiungerli alla padella del condimento e mantecare il tutto. Servire con un filo d'olio.

## 3.49   Gnocchi verdi dentro e fuori

Ricetta di:   VVale
Difficoltà:   Facile
Tempo:        40 minuti

## Ingredienti per 3 persone

? 165 grammi di farina di piselli

? 135 grammi di farina tipo 1

? 300 grammi di acqua

? una zucchina grossa

? peperoncino

? una manciata di mandorle tritate gossolanamente

? sale q.b.

? olio d'oliva q.b.

**Preparazione**

In una pentola mettere l'acqua a bollire. Appena bolle spegnere il fuoco e buttare dentro di colpo le farine. Girare energicamente con un cucchiaio di legno fino a formare una palla. Lasciare raffreddare la palla su un tagliere.

Nel frattempo, grattugiare la zucchina e saltarla in padella con un po' d'olio, il peperoncino e le mandorle, lasciando l'ortaggio croccante. Prendere l'impasto e formare gli gnocchi. Bollirli in abbondante acqua salta scolandoli con una ramina man mano che vengono a galla. Aggiungere gli gnocchi al sugo, saltare insieme e servire caldo.

## 3.50   Gnocchi zucca radicchio e noci

Ricetta di:    Vale_Vegan
Difficoltà:    Facilissima
Tempo:         20 minuti
Stagione:      Inverno, Autunno

### Ingredienti per 2 persone

? 300 g di gnocchi di patate

? una fetta piccola di zucca

? un pezzo di porro (o mezza cipolla)

? 5 foglie di radicchio rosso

? poco latte di soia non zuccherato

? olio

? sale, pepe, paprika

? 4-5 noci

**Preparazione**

Lavare e mondare le verdure. In una padella mettere un filo d'olio, la zucca tagliata a dadini, il porro e il radicchio tagliati a striscioline, sale, pepe, poca paprika e far soffriggere a fuoco moderato per 5 minuti. Mettere sul fuoco l'acqua per gli gnocchi. Aggiungere al sugo poca acqua e far cuocere altri 5 minuti col coperchio; aggiungere qualche cucchiaio di latte di soia per rendere il sugo cremoso. Appena l'acqua bolle, lessare gli gnocchi, scolarli e metterli nel sugo ad insaporire un minuto a fuoco medio; spolverare con le noci tritate e servire.

**Note**

Gli gnocchi vanno SEMPRE fatti ripassare un paio di minuti nel sugo poiche' dopo la cottura assorbono bene e saranno più buoni!

## 3.51   Insalata cous cous e pistacchio

Ricetta di:   Lilith
Difficoltà:   Facile
Tempo:        15 minuti
Stagione:     Estate, Autunno

**Ingredienti per 2 persone**

- ? 100 g di cous cous
- ? 2 cucchiaini di pesto al pistacchio
- ? 10 pomodorini di pachino
- ? 100 g di giardiniera a listarelle
- ? peperoncino
- ? olio
- ? capperi
- ? olive

**Preparazione**

Preparare il cous cous portando a bollore 200 cc circa di acqua, un cucchiaio di olio e un cucchiaino di sale. Spegnere, aggiungere il cous cous, mescolare e lasciare riposare con il coperchio per 2 minuti. Aggiungere 2 cucchiai di olio e cuocere nuovamente a fuoco lento per 2 minuti sgranando con una forchetta e poi lasciare riposare.
Tagliare i pomodorini in 8 pezzi e togliere bene i semini passandoli sotto l'acqua. Aggiungere al cous cous 2 cucchiaini di pesto al pistacchio e mescolare sempre con la forchetta, poi i pomodorini, il peperoncino, la giardiniera, i capperi e le olive.
Fare raffreddare in frigo e servire.

## 3.52 Insalata di pasta alla rucola

Ricetta di:    Lia78
Difficoltà:    Facilissima
Tempo:         20 minuti
Stagione:      Primavera, Estate

### Ingredienti per 2 persone

? 200 g di pasta formato corto

? 1 mazzetto di rucola

? 4-5 pomodori secchi

? capperi

? olive

? olio extra vergine d'oliva

? pepe, sale

### Preparazione

Mettere a bagno i pomodori secchi in acqua tiepida per almeno mezz'ora. Cuocere la pasta in abbondante acqua salata. Nel frattempo, dissalare i capperi, lavare la rucola e tagliarla a striscioline. Scolare la pasta e passarla rapidamente sotto l'acqua fredda per fermare la cottura e far sì che non si appiccichi troppo. Condirla con olio extra-vergine d'oliva, i capperi, le olive e i pomodori secchi tagliati a striscioline. Infine, lasciare intiepidire la pasta prima di aggiungere la rucola, per evitare che appassisca. Aggiustate di sale e di pepe. Conviene far riposare la pasta per qualche ora, prima di servirla, per amalgamare meglio i sapori.

## 3.53 Insalata di pasta fredda

Ricetta di:    Fiore_di_loto
Difficoltà:    Facilissima
Tempo:         25 minuti

### Ingredienti per 2 persone

? 200 g di fusilli integrali

- una decina di noci - qualche foglia di radicchio rosso - 100 g di tofu affumicato - 5 o 6 pomodori secchi sott'olio - sale, olio

## Preparazione

Tagliate il radicchio e pomodori secchi a striscioline corte e sottili; tagliate il tofu a dadini; mondate e spezzettate grossolanamente le noci. Unite tutti gli ingredienti, condite con olio e sale e mescolate.
Nel frattempo mettete sul fuoco una pentola piena d'acqua, portate ad ebollizione, salate, versate la pasta e scolate a fine cottura.
Appena scolata, passate la pasta sotto un getto d'acqua fredda (serve a fermare la cottura: in questo modo, potete mangiarla anche dopo ore e non diventa 'colla'!). Riscolate bene.
Unite tutti gli ingredienti ed... è fatta! Potete scegliere se mangiarla subito o... quando volete.

## 3.54   Insalata fredda di avena

Ricetta di:     Molly
Difficoltà:     Facile
Tempo:          70 minuti
Stagione:       Estate, Autunno

## Ingredienti per 1 persona

? 70 g di avena

? 1 carota

? 1 zucchina

? 1 pomodoro maturo

? cipollotto fresco, a piacere

? basilico

? olio

? peperoncino macinato al momento (se piace)

## Preparazione

Cuocere l'avena per 60 minuti (o quanto indicato sulla confezione) e scolarla.
In una insalatiera mettere le carote, le zucchine (rigorosamente crude), i pomodori, il cipollotto e il basilico.

Personalmente ho triturato le carote, le zucchine e il basilico con la mezzaluna in modo da farle amalgamare meglio con l'avena.

Aggiungere quindi l'avena e condire con sale, olio e peperoncino in polvere.

Mettere nel frigo.

## Note

Non avevo mai acquistato l'avena e per me è stata una piacevole scoperta. Quando poi, documentandomi ho scoperto quanto fosse nutriente, ho deciso di averla sempre nella mia dispensa.

Inutile dire che il condimento di carote, zucchine crude, pomodori, cipollotto e basilico è una base favolosa per condire anche altri cereali, riso, cous cous, quinoa, pasta, amaranto...

## 3.55 Knödeln ai 3 sapori

Ricetta di:      Myeu
Difficoltà:      Media
Tempo:           50 minuti
Provenienza:     Trentino-Alto Adige (Tirol e Südtirol)

### Ingredienti per 2 persone

? 1 cipollina fresca

? prezzemolo

? olio di oliva

? 200 ml di latte vegetale (soia o avena)

? 250 g di panini secchi del giorno precedente

? sale, pepe

? noce moscata

? 50 g di funghi secchi ammollati (circa un'ora)

? 80 g di vegformaggio grattugiato

? 100 g di spinaci o erbette lessati

### Preparazione

Tritare la cipolla e il prezzemolo, soffriggerli in 2 cucchiai di olio d'oliva. Spegnere il fuoco, unire il pane a tocchetti, il latte e le spezie e mescolare. Dividere l'impasto in 3: ad una parte aggiungere i funghi, a un'altra il vegformaggio e all'ultima gli spinaci. Formare delle palle di circa 5 cm di diametro (ne verranno 2-3 per ogni impasto con queste dosi) e cuocerle a vapore per 20-25 minuti.

Si possono servire con, a scelta:
- una salsa piuttosto liquida panna e funghi
- del buon brodo vegetale fatto in casa
- polenta morbida (in questo caso faranno da piatto unico)

## 3.56 La Morbida Arancio

Ricetta di:    Andrealris
Difficoltà:    Facile
Tempo:         45 minuti
Stagione:      Inverno, Autunno

### Ingredienti per 4 persone

? 400 g di pasta corta

? 250 g di zucca

? 1-2 spicchi di aglio

? peperoncino

? olio extravergine di oliva

? 1/2 dado vegetale

? 1-2 foglie di salvia (opzionale)

? mezzo bicchierino di vodka (o vino bianco)

### Preparazione

Mondare la zucca, tagliarla a pezzi e cuocerla a vapore, poi ridurla in purea. Tritare l'aglio e farlo soffriggere a fiamma bassa con un filo di olio, un po' di peperoncino ed eventualemte la salvia.

Nel frattempo mettere sul fuoco un pentolino d'acqua e portare a bollore. Quando l'aglio è inbiondito, aggiungere al soffritto la pasta cruda e mescolare bene. Versare la vodka e far evaporare, sempre mescolando. Unire la purea di zucca, il dado e tanta acqua bollente da coprire appena la pasta. Da quando riprende il bollore, far cuocere per un paio di minuti in più rispetto al tempo indicato sulla confezione, sempre mescolando e aggiungendo ancora un po' di acqua bollente se si asciuga troppo prima del tempo, proprio come se fosse un risotto.

## Note

Se non avete tempo e voglia di far cuocere la zucca precedentemente, potete aggiungerla tagliata a dadini molto piccoli o a fette sottili al soffritto iniziale, avendo cura di aggiungere la pasta solo quando sufficientemente ammorbidita; chiaramente il risultato sarà un po' meno cremoso.

## 3.57 Lasagna al ragù di lenticchie

Ricetta di: Difficoltà: Tempo: Web:

## Ingredienti per 6 persone

- ? 1 cipolla bianca
- ? 1 carota
- ? 1 costa di sedano
- ? una manciata di piselli (anche surgelati)
- ? 400 g di lenticchie secche
- ? 280 g di doppio concentrato di pomodoro
- ? noce moscata
- ? pepe nero
- ? peperoncino o paprica piccante
- ? sale
- ? 250 g di pane carasau
- ? 1 l di latte di soia al naturale
- ? 400 g di farina
- ? lievito alimentare in scaglie

## Preparazione

Preparare una brunoise di cipolla, sedano e carota (vale a dire tagliare a piccoli cubetti queste verdure) e insieme ai piselli procedere con un soffritto. A soffritto ultimato, aggiungere le lenticchie e tostarle leggermente, dopodiché aggiungere il concentrato di pomodoro insieme ad un litro d'acqua. Non appena il tutto comincerà a bollire, sarà possibile aggiungere le spezie e una prima presa di sale, non troppo abbondante in quanto man mano che il sugo si restringerà la concentrazione di sale risulterà maggiore. Sarà verso la fine della cottura che bisognerà stabilire se aggiungere ulteriore sale o meno.

Per preparare una buona besciamella vegana occorrerà setacciare bene la farina in modo da dividere eventuali grumi, e scioglierla in metà del latte di soia a freddo. Il restante latte andrà messo in una pentola abbastanza larga posizionata sul fuoco aggiungendovi sale, pepe nero e noce moscata conformemente ai gusti. Quando il latte sul fuoco comincerà a bollire versarci dentro la metà fredda mischiata alla farina e mescolare energicamente a bassa fiamma, aiutandosi se necessario con una frusta, finché non riprenderà il bollore.

Adesso che tutti i preparati sono pronti è possibile comporre la lasagna.

Distribuire uno strato di condimento sul fondo della teglia (ragù e besciamella) e ricoprire con uno strato di pane carasau. Se la forma del pane non corrisponde a quella della teglia è possibile romperlo per adattarlo. Alternare almeno cinque strati di ogni preparato facendo attenzione a posizionare in cima uno strato di ragù e in fine uno di besciamella. Ricoprire con una spolverata di lievito alimentare in scaglie ed infornare a 180 gradi per 40 minuti.

Per ottenere una besciamella morbida e filante è consigliabile servire la lasagna ben calda.

## 3.58   Lasagne agli spinaci

Ricetta di:   Marina
Difficoltà:   Facile
Tempo:        45 minuti

### Ingredienti per 5 persone

- ? lasagne di grano duro q.b.

- ? 1 kg di spinaci

- ? 250 g di tofu al naturale

- ? 6 cucchiai di lievito in scaglie

- ? 1 cucchiaio di pangrattato

- ? olio d'oliva

- ? Besciamella (sezione 12.2, pagina 988)

### Preparazione

Lavare e mondare gli spinaci, lessarli in poca acqua, aspettare che si raffreddino e strizzarli bene (questo conviene farlo il giorno prima). Tagliarli grossolanamente, aggiungere pepe, sale, un cucchiaio d'olio e rosolarli per pochi minuti in una pentola.

Preparare la Besciamella (sezione 12.2, pagina 988) seguendo dosi e preparazione di quella ricetta. Se la preparate un po' prima, ricordate di aggiungere un po' d'acqua per diluirla, prima di usarla per le lasagne, perché non deve essere molto densa.

Accendere il forno a 200 gradi.

Sbriciolare il tofu schiacciandolo con la forchetta, condire con sale e pepe e mescolare bene.

Ungere il fondo di una teglia da forno con un cucchiaio d'olio e cospargere di pangrattato, gettando via quello in eccesso che non si è attaccato sul fondo.

Stendere un sottile strato di besciamella.

Sistemare il primo strato di lasagne (crude) sopra la besciamella e poi stendervi sopra un bello strato di besciamella.

Spargervi sopra una manciata dl tofu sbriciolato, in modo uniforme. Stendervi sopra uno strato di spinaci e spolverare con un cucchiaio di lievito in scaglie.

Sistemare un altro strato di lasagne, e poi di nuovo besciamella, tofu, spinaci, lievito. La besciamella deve essere abbastanza liquida. Se è più densa, sopra lo strato di besciamella spargere 2-3 cucchiai di latte di soia.

Formate in questo modo 5 strati. Sopra l'ultimo strato di lasagne, dopo la besciamella aggiungere solo poco tofu e pochi spinaci (meno che negli altri strati), spolverare col lievito e poi stendere ancora un po' di besciamella.

Infornare per 30 minuti a 200 gradi, spegnere il forno e lasciare cuocere per altri 10 minuti.

Lasciar raffreddare qualche minuto e servire.

## Note

Al posto degli spinaci si possono usare altre verdure, oppure ragù di seitan (senza il tofu in questo caso), oppure un pesto ottenuto frullando basilico, olio, pinoli e lievito (con o senza tofu).

## 3.59   Lasagne al radicchio

Ricetta di:   Fiordaliso09
Difficoltà:    Media
Tempo:       105 minuti
Stagione:    Primavera, Estate, Autunno

## Ingredienti per 4 persone

- ? 3 cespi grossi di radicchio rosso
- ? 250 grammi di lasagne meglio se integrali
- ? 3 cipolle medie

- ? 1 litro circa di besciamelle
- ? olio extravergine di oliva
- ? sale e pepe
- ? dado vegetale in polvere
- ? pangrattato
- ? gomasio
- ? lievito

## Preparazione

In una padella bella capiente fare stufare lentamente le tre cipolle tagliate a fettine con 3 cucchiai di olio extravergine; devono ammorbidirsi bene senza bruciacchiare, pertanto tenere la fiamma non troppo alta.

Nel frattempo lavare e tagliare a listarelle il radicchio e preparare la besciamelle, seguendo la ricetta: Besciamella (sezione 12.2, pagina 988) .

Quando le cipolle sono pronte (ci vorranno 10 minuti circa), aggiungere nella stessa padella il radicchio tagliato a listarelle e girare bene finché non appassisce; aggiungere sale e pepe e un cucchiaino raso di dado vegetale in polvere, se lo si gradisce. Non esagerare con la cottura, deve solo appassire e diminuire di volume, poi continuerà la cottura in forno, l'importante è che non ci sia acqua sul fondo della padella.

Far bollire mezzo bicchiere d'acqua e sciogliervi un po' di dado vegetale in modo da costituire del brodo vegetale.

Preparare una teglia per lasagne e mettere sul fondo olio extravergine e besciamelle, quindi stendere il primo strato di lasagna senza procedere con la precottura, nemmeno se integrale. Distribuire sulla sfoglia un cucchiaio di brodo vegetale in modo da inumidirla, quindi versare a cucchiaiate il radicchio distribuendolo bene e sopra questo mettere un bello strato di besciamelle; proseguire in questo modo fino alla fine delle sfoglie di lasagna. Sull'ultimo strato mettere due cucchiai di brodo per inumidire anziché uno, quindi cospargere bene di pangrattato, lievito e gomasio e infine un pochino di olio extravergine.

Cuocere a 200 gradi per 40 minuti,tenendo coperto con carta stagnola fino a 15 minuti prima.

## Note

L'ho preparata con lasagne integrali al farro e secondo me la lasagna integrale è molto adatta per questa ricetta. Volendo è possibile arricchire con pezzetti di formaggio vegan i vari strati, ma trovo che così il radicchio dia il meglio di sè.

## 3.60 Lasagne al radicchio e carciofi

Ricetta di:  ElenaP
Difficoltà:  Media
Tempo:      75 minuti
Stagione:   Inverno, Primavera

### Ingredienti per 6 persone

- ? 2 gambi di radicchio rosso spadone pulito e tagliuzzato
- ? 1 kg abbondante di cuori di carciofi puliti e tagliuzzati, freschi o surgelati
- ? 3 cucchiai di granulare di soia
- ? 2 cipolle rosse tritate
- ? 1 carota tritata
- ? 2 bicchieri di vino bianco
- ? abbondante salvia fresca tagliuzzata (20-25 foglie )
- ? olio extravergine d'oliva
- ? 10 noci tritate
- ? sale
- ? una punta di curry medio
- ? una confezione di panna di soia oppure 1 panetto di tofu(circa 120
- ? da 12 a 18 lastre di lasagne senza uova
- ? 1 litro e mezzo di besciamella vegan classica (vedi ricetta Besciamella (sezione 12.2, pagina 988) ) o vegan formaggiosa (vedi ricetta Besciamella 'formaggiosa' (sezione 12.3, pagina 989) )

### Preparazione

In una pentola capiente scaldare l'olio, aggiungere le cipolle e la carota tritate, facendole dorare, e poi il granulare di soia assieme alla salvia; mescolare, salare un pochino e versare il vino bianco. Lasciare che il granulare assorba un po' di liquido e poi aggiungere i carciofi. Far cuocere con coperchio per almeno 10 minuti e poi versare il radicchio spadone, mescolare e correggere di sale se occorre. Lasciar cuocere il tutto per bene a fiamma medio/bassa, con coperchio, per circa 20-30 minuti.
A fine cottura aggiungere la panna di soia oppure il tofu frullato con un po' d'acqua per renderlo cremoso (scelta meno calorica), poi il curry e le noci tritate. Incorporare per bene il tutto, poi prelevare circa la metà del composto e frullarlo in un robot da cucina, in modo da ottenere una

crema omogenea.

Amalgamare nuovamente il tutto e iniziare a comporre le lasagne nella teglia, partendo dalla besciamella ed alternando gli strati di pasta, ripieno e besciamella, in base alla teglia che avete scelto. L'ultimo strato dovrà essere comunque di besciamella.

Infornate e far cuocere a 150-160 gradi per 40-45 minuti.

## 3.61   Lasagne alla boscaiola

Ricetta di:    Sophie85
Difficoltà:    Media
Tempo:        80 minuti

### Ingredienti per 8 persone

- ?  1 cipolla grossa
- ?  3 spicchi di aglio
- ?  1 costa di sedano (5 cm al massimo)
- ?  1 carota media
- ?  600 g di funghi misti surgelati
- ?  1 tazza di passata di pomodoro
- ?  1 tazza di acqua
- ?  olio evo
- ?  sale, pepe
- ?  peperoncino (se gradito)
- ?  lasagne di grano duro (senza uova)
- ?  besciamella (vedi ricetta: Besciamella (sezione 12.2, pagina 988) )

### Preparazione

Tritare cipolla, aglio, sedano e carota. Farli soffriggere in una padella capiente con abbondate olio di oliva ed un pizzico di peperoncino, se gradito. Aggiungere i funghi ancora congelati, la passata di pomodoro, l'acqua, salare e pepare a piacimento. Lasciar bollire a fuoco medio-basso per 20 minuti con la padella coperta, quindi scoprire e proseguire la cottura per altri 20 minuti.

Mentre il sugo alla boscaiola bolle, preparare la besciamella, avendo cura di lasciarla più liquida se si intende cuocere le lasagne senza prima scottarle in acqua bollente.

Quando tutte le preparazioni di base sono pronte, si possono comporre le lasagne in una pirofila da forno. Iniziare con un filo d'olio, uno strato di besciamella e qualche cucchiaio di sugo alla boscaiola, adagiarvi il primo strato di sfoglia per lasagne e continuate ad alternarle con besciamella e sugo. La pasta si può prima scottare per un paio di minuti in acqua bollente oppure si può usare cruda. Infornare a 200 gradi per almeno 30 minuti. Per essere sicuri della cottura, infilzare con una forchetta le lasagne in un angolo: se non si incontra resistenza, sono pronte!

## 3.62   Lasagne capresi

Ricetta di:    VVale
Difficoltà:    Media
Tempo:         60 minuti
Stagione:      Estate

### Ingredienti per 4 persone

Per la pasta

- ? due bicchiere di farina tipo 0
- ? un bicchiere di semola di grano duro
- ? mezzo bicchiere di farina di ceci

Per il condimento

- ? sei pomodori maturi
- ? mozzarella di riso (si puo' acquistare o seguire la ricetta: Mozzarella di riso (sezione 8.9, pagina 651 ) )
- ? tre pugni di insalata tipo songino
- ? sale
- ? olio d'oliva
- ? origano

### Preparazione

Preparare la pasta mischiando gli ingredienti aggiungendo via via acqua, fino ad ottenere una palla elastica; stendere in sottili rettangoli e lasciare riposare.

Tagliare i pomodori in fette molto sottili, sbriciolare la mozzarella e frullare l'insalata con poca acqua fino ad ottenere un pesto abbastanza liquido. Bollire i rettangoli di pasta peer pochi minuti e formare in una teglia adatta al microonde la lasagna alternando pasta, pomodori, mozzarella e pesto. Chiudere con un ultimo strato, ungere leggermente la superficie e spolverare con abbondante origano.

Cuocere la lasagna nel forno a microonde con programma combinato per circa dieci minuti. In alternativa si puo' cuocere in forno tradizionale statico a 180 gradi per venti minuti.

## 3.63 Lasagne con asparagi e patate

Ricetta di:    Suffi
Difficoltà:    Media
Tempo:        90 minuti
Stagione:      Primavera

### Ingredienti per 6 persone

- ? 150 g di lasagne di grano duro

- ? 500 ml di besciamella (già pronta o fatta in casa)

- ? 1 mazzo di asparagi verdi sottili

- ? 2 patate grandi

- ? 1 cipolla media

- ? pangrattato

- ? olio extravergine d'oliva

- ? sale e pepe

### Preparazione

Pelare le patate, tagliarle a cubetti e cuocerle in acqua bollente e salata per 8-10 minuti. Nel frattempo tritare la cipolla e soffriggerla in olio d'oliva, aggiungerci poi gli asparagi precedentemente tagliati a pezzetti; salare e pepare e cuocere per 10 minuti a pentola coperta. A fine cottura mescolare le patate con gli asparagi.

In una pirofila oliata mettere uno strato di lasagne, uno di besciamella e uno di patate e asparagi; finire con la besciamella, decorare con asparagi e spolverare con il pangrattato.

Cuocere in forno a 180 per 45 minuti (il tempo si riduce se bollite le lasagne prima di stenderle), di cui gli ultimi 5 di grill.

Se la besciamella la fate in casa (consigliabile, è molto più buona e costa meno), ecco la ricetta: Besciamella (sezione 12.2, pagina 988)

## 3.64   Lasagne di Cenerentola

Ricetta di:   VVale
Difficoltà:   Media 90
Tempo:       minuti

### Ingredienti per 4 persone

- ? due bicchieri e mezzo di farina integrale
- ? un bicchiere di farina di lenticchie
- ? mezza zucca gialla lunga
- ? quindici champignon
- ? due coste di sedano
- ? mezzo bicchiere di olio d'oliva
- ? un bicchiere di latte vegetale non zuccherato a piacere
- ? noce moscata q.b.
- ? sale, pepe
- ? pane grattuggiato q.b.

### Preparazione

Iniziare a preparare la pasta delle lasagne mischiano due bicchieri di farina integrale, la farina di lenticchie e acqua fino ad ottenere una palla morbida ed elastica. Lasciarla riposare in frigorifero per il tempo delle altre preparazioni.
Tagliare e pulire la zucca e farla bollire fino a quando non sarà morbida.
Tagliare i funghi e il sedano a fettine molto sottili e lasciarli stufare in padella con poca acqua (se si asciugano troppo aggiungerne ulteriormente). Salare leggermente.
Per preparare la besciamella, in un pentolino mischiare energicamente con una frusta l'olio e la farina integrale rimasta, mettere sul fuoco e aggiungere il latte vegetale. Mescolare continuamente fino a quando non si sarà addensata a sufficienza. Aggiungere noce moscata e sale. Se dovesse risultare troppo solida, stemperare con un po' dell'acqua di cottura della zucca.
Quando tutte le preparazioni per il condimento saranno pronte, riprendere la pasta, stenderla sottilmente in rettangoli. Fare bollire i pezzi uno ad uno. Non devono essere completamente cotti, basteranno tre minuti in acqua bollente e salata.
Iniziare a comporre le lasagne: stendere sul fondo di una teglia poca besciamella e poi un primo strato di pasta, aggiungere un po' di zucca schiacciata e pepata, i funghi e un po' di besciamella, coprire ancora con uno strato di pasta e di nuovo zucca, funghi e besciamella. Continuare con gli strati fino ad esaurire gli ingredienti.

Quando saranno complete, coprire con un ultimo strato di pasta e spolverare con il pane grattuggiato.

Infornare a 180 gradi per una quindicina di minuti (o meno se si preferiscono più morbide).

## 3.65   Lasagne panna e piselli

Ricetta di:   llaveg
Difficoltà:   Media 80
Tempo:        minuti

### Ingredienti per 6 persone

? una confezione di lasagne di grano duro

? una carota

? una zucchina

? un gambo di sedano

? mezza cipolla

? 150 g di macinato di soia disidratato

? un barattolo di salsa di pomodoro

? una confezione di panna di soia

? 100 g di piselli lessati

### Preparazione

Tagliate le verdure a dadini e fatele soffriggere in abbondante olio. Quando saranno quasi cotte aggiungete la salsa di pomodoro e fate cuocere per 20 minuti a fouco lento.

Reidratate il macinato di soia con acqua bollente e insaporitelo a parte con uno spicchio di aglio e un goccio di salsa di soia. In alternativa al macinato si può usare il seitan tritato. Aggiungete al sugo il macinato e i piselli gia' lessati, e fate cucocere per altri 10 minuti, aggiungendo un po' di acqua al composto.

La salsa deve restare abbastanza liquida, in maniera che possa 'cuocere' le lasagne in forno. In questo modo non vanno sbollentate prima e cuociono direttamente in forno, ma è a discrezione di ognuno! Ovviamente, se vengono prima passate in acqua bollente la salsa può essere meno acquosa.

In una teglia disponete uno strato di lasagne e 'bagnatelo' con la salsa. Quindi disponete un altro strato di lasagne e versatevi la panna di soia mescolata ai piselli. Continuate alternando fino a finire le lasagne. E' importante che ogni foglio sia bagnato dalla salsa per ottimizzare la cottura.

Cuocete in forno per 40 minuti abbondanti e a piacere grattateci sopra po' di formaggio vegan o spolverate con del lievito alimentare in scaglie.

## Note

Questa ricetta ha sempre stupito i nostri amici onnivori! :) e' molto versatile, si possono anche usare più verdure, tipo il broccolo o le melanzane. Una volta abbiamo fatto gli strati di melanzane fritte da alternare alle lasagne, un'altra volta di zucca al forno... insomma sbizzarritevi!

## 3.66  Lentilhada

Ricetta di:    ClauDioVegChef
Difficoltà:    Facile
Tempo:         50 minuti

## Ingredienti per 2 persone

- ? 100 g di lenticchie secche
- ? 1 cipolla bianca piccola
- ? 1 cucchiaio di piselli surgelati
- ? 1 carota
- ? 1 costa di sedano
- ? brodo vegetale q.b.
- ? olio extra vergine d'oliva
- ? sale
- ? peperoncino rosso in scaglie
- ? noce moscata
- ? 200 g di pomodori pelati (1/2 barattolo)
- ? 1 ciuffo di prezzemolo

## Preparazione

Soffriggere in una pentola la cipolla, la carota e il sedano, tutti tagliati a dadini, insieme ai piselli e portare a cottura (bastano 7-8 minuti). Aggiungere le lenticchie e gradualmente il brodo vegetale, in modo da non fermare la cottura. Aggiungere le spezie e coprire, mescolando di tanto in tanto. Dopo circa 20 minuti, non appena il brodo si sarà ridotto notevolmente, aggiungere i pelati tagliati grossolanamente e continuare la cottura per altri 15 minuti. Aggiungere il prezzemolo tritato servire ancora caldo.

## 3.67 Linguine alla crema di zucca

Ricetta di:    Miky88
Difficoltà:    Media
Tempo:        40 minuti
Stagione:     Inverno, Primavera, Autunno

### Ingredienti per 4 persone

? 400 g di linguine

? 1/2 zucca di dimensioni medie

? 1/2 cipolla

? sale e pepe

? olio

### Preparazione

Tagliare a pezzi la zucca togliendo la buccia e lessarla in acqua.
Quando è morbida, scolarla (tenendo da parte l'acqua di cottura, che servirà a cuocere la pasta), e frullarne i 2/3 con un po' di acqua di cottura e sale. Ne uscirà una crema omogenea e non liquida. Il rimanente della zucca farlo a dadini non troppo grossi e rosolarlo con un po' d'olio e la cipolla in una padella, poi salare e pepare a piacere.
Nel frattempo far cuocere la pasta nell'acqua di cottura della zucca, aggiungendo il sale necessario.
Scolare la pasta. Aggiungere la zucca frullata e i dadini di zucca sopra.

## 3.68 Linguine alle noci "del purista"

Ricetta di:    Milou
Difficoltà:    Facilissima
Tempo:        20 minuti

## Ingredienti per 2 persone

- ? una tazza da 200 ml di noci tritate
- ? 1 spicchio d'aglio
- ? 200 g di linguine

## Preparazione

Aggiungete nella tazza di noci 6-7 cucchiai di acqua calda, del sale e mescolate. In questo modo le noci buttano fuori il loro olio e non sarà necessario aggiungere olio d'oliva, panna, latte di soia o quant'altro. Per un sapore più deciso mettete uno spicchio d'aglio intero e sbucciato nella tazza e lasciatela in frigo per una notte.

Quando andate a condire le linguine, saltate in padella con un po' d'acqua di cottura

## 3.69  Linguine vegan-cacio e pepe

Ricetta di:     Ariel444
Difficoltà:     Facile
Tempo:          20 minuti
Provenienza:    Lazio (Roma)

## Ingredienti per 4 persone

- ? linguine o altra pasta lunga
- ? due pugni di lievito a scaglie
- ? un pugno di semi di girasole o di zucca
- ? un pugno di mandorle
- ? pepe e sale
- ? olio extra vergine d'oliva

## Preparazione

Mentre cuociono le linguine (vanno bene anche spaghetti, spaghettini, bavette, ecc.) preparare il parmigiano vegan frullando nel mixer i semi e le mandorle, con l'aggiunta di 2-3 pizzichi di sale. Porre il composto in una zuppiera e versarci sopra le linguine cotte al dente; tenere da parte un po' di acqua della pasta, in caso risultasse troppo 'secca'. Mescolare velocemente con un filo d'olio d'oliva e servire caldissime con del pepe nero macinato al momento.

## 3.70   Maccheroncini di grano saraceno

Ricetta di:    Micol1
Difficoltà:    Facilissima
Tempo:         45 minuti

### Ingredienti per 2 persone

? 160 g di pasta di grano saraceno

? 1 melanzana grossa

? semi di papavero

? olio evo

? sale

### Preparazione

Lavare e tagliare a cubetti una melanzana e farla cuocere a fuoco dolce in padella con un goccio d'olio. Dopo 5 minuti, far bollire l'acqua per la pasta. Nel tempo di cottura della pasta sara' cotta anche la melanzana. Aggiustare di sale a fine cottura. Scolare la pasta e versarla in padella con le melanzane, aggiungere olio d'oliva e semi di papavero.

## 3.71   Maccheroncini zafferano e menta

Ricetta di:    Lifting_Shadows
Difficoltà:    Facile
Tempo:         40 minuti
Stagione:      Estate, Autunno

### Ingredienti per 1 persona

? 80 g di maccheroncini integrali

? 1 zucchina (ca 150 g)

? 6 pomodori (ca 100 g)

? 1 bustina di zafferano

? 3 foglie di menta (o menta essiccata)

- ? farina integrale

- ? pangrattato

- ? olio

## Preparazione

Tagliate le zucchine a bastoncini corti e non troppo spessi, impanatele nella farina integrale e passatele nell'olio caldo. Non devono friggere completamente, ma solo dorarsi, per questo tenete la fiamma abbastanza bassa. Stendetele su un tovagliolo di carta per asciugare l'olio in eccesso.
Iniziate a far bollire l'acqua per la pasta.
Tagliate i pomodori in 4 e fateli soffriggere in poco olio; quando sono pronti aggiungete, sempre a fuoco acceso, le zucchine, la menta spezzettata, lo zafferano, il pangrattato, di più o di meno a seconda dei gusti, e regolate di sale.
Scolate la pasta al dente e saltatela insieme al condimento a fiamma alta per un paio di minuti.

## Note

In mancanza di farina ho impanato le zucchine nel pangrattato, in mancanza anche del pangrattato non le ho impanate affatto, ma fritte leggermente con olio e acqua. Il sapore ovviamente cambia ma è sempre ottimo.
Anche con la mente secca vengono buone, forse di più.

## 3.72 Minestra di brovada

Ricetta di:     ElenaP
Difficoltà:     Facile
Tempo:     90 minuti
Provenienza:     Friuli-Venezia Giulia
Stagione:     Inverno, Autunno

## Ingredienti per 5 persone

- ? 500 g di brovada friulana (rapa fermentata nelle vinacce)

- ? 4 patate medie

- ? 6 carote grandi

- ? 50 g di lenticchie rosse decorticate

? 1 grossa cipolla

? 3 spicchi di aglio

? olio extra vergine d'oliva

? 2 foglie di alloro

? 1 dado vegetale

? sale, pepe

? un pizzico di semi di cumino o di finocchio

? 1-2 fette di pane abbrustolito a persona

## Preparazione

In una pentola molto capiente, soffriggere l'aglio e la cipolla tritati, poi aggiungere le carote tritate e la brovada con il suo sugo. Mescolare bene e far cuocere coperto a fiamma media per 10 minuti circa, fino a che la brovada non diventa più morbida.
Aggiungere le patate, prima pelate e tagliate a metà, le lenticchie, 2 litri di acqua, il dado ,gli aromi e il sale.
Portare a bollore con coperchio e poi continuare la cottura a fiamma media fino a quando le patate non saranno perfettamente cotte. Poi toglierle dalla pentola, schiacciarle con la forchetta e rimetterle nella pentola. Sempre a fiamma bassa, far addensare la minestra per circa 30-40 minuti senza coperchio, mescolando di tanto in tanto.
Servire la minestra calda sul pane abbrustolito in ciotole da minestrone, meglio se di terracotta.

## Note

Si consiglia di scegliere una brovada di produzione stagionale, piuttosto che quella in scatola. L'uso della pentola a pressione riduce notevolmente i tempi di cottura senza alterare i risultati.

## 3.73 Minestra di riso e farro

Ricetta di: Supercri
Difficoltà: Facilissima
Tempo: 45 minuti

## Ingredienti per 4 persone

? 1 litro di brodo vegetale

- ? 1 spicchio di aglio
- ? 300 g di farro
- ? 300 g di riso parboiled
- ? 3 cucchiaini di maggiorana essiccata
- ? olio extravergine d'oliva q.b.

## Preparazione

Portare ad ebollizione il brodo vegetale con lo spicchio di aglio sbucciato, da togliere a cottura ultimata.

Versare farro e riso. Lasciar bollire per 30 minuti circa, finché il brodo si sarà ridotto della metà e il riso e il farro saranno ben cotti.

A fine cottura, versare la maggiorana e olio extravergine d'oliva, mescolando per bene prima di servire.

## 3.74 Minestra di riso e patate

Ricetta di:    Fiordaliso09
Difficoltà:    Facile
Tempo:         40 minuti

## Ingredienti per 3 persone

- ? 1 cipolla bionda media
- ? 250 grammi di patate
- ? 130 grammi di riso
- ? 1 litro di brodo vegetale (anche di dado)
- ? 150 ml di latte di soia
- ? olio extravergine di oliva
- ? pepe nero
- ? rosmarino fresco o secco
- ? lievito in scaglie

## Preparazione

Tagliare la cipolla a fettine e soffriggerla con un cucchiaino di foglie di rosmarino tritato in 3 cucchiai di olio extravergine d'oliva, facendola ammorbidire ma non scurire. Aggiungere poi le patate tagliate a fettine spesse circa mezzo centimetro e non troppo grandi, soffriggere anche le patate ma senza alzare troppo la fiamma per non bruciare le cipolle, quindi aggiungere il riso e lasciare insaporire un paio di minuti a fiamma bassa; versare il brodo vegetale e portare a cottura (circa 20 minuti). Spegnere il fuoco, pepare e aggiungere il latte di soia freddo. Mescolare bene e servire subito. Se gradito, aggiungere ad ogni piatto un cucchiaino di lievito in scaglie.

## Note

Chi gradisse una minestra bollente può scaldare il latte prima di aggiungerlo; io trovo più gradevole la temperatura finale che si ottiene seguendo la ricetta così e non ho mai sentito la necessità di scaldare il latte, va però servita subito.

## 3.75   Minestrone verdure e lenticchie

| Ricetta di: | Ces05 |
|---|---|
| Difficoltà: | Facile |
| Tempo: | 45 minuti |
| Provenienza: | Veneto |
| Stagione: | Estate, Autunno |

### Ingredienti per 2 persone

- ? 100 g lenticchie secche
- ? 3 patate medie
- ? 1 cipolla
- ? 2 carote
- ? 6 pomodorini
- ? olio
- ? 1 spicchio d'aglio

## Preparazione

Risciacquare bene le lenticchie e poi metterle sul fuoco in una pentola, con acqua quanto basta per una minestra per 2 persone, e farle cuocere 25 minuti da quando l'acqua inizia a bollire. Nel frattempo, lavare e tagliare a pezzetti le verdure e cuocerle al vapore per 15 minuti. A cottura ultimata, versare le verdure e la loro acqua di cottura nella pentola delle lenticchie. Spegnere e aggiungere un'emulsione di sale e olio mescolando il tutto.

## Note

E' un minestrone dal gusto delicato e saporito. Le verdure cotte in questo modo mantengono più sostanze nutritive e la ricetta risulta molto veloce da preparare anche perché alle lenticchie non servono tempi di ammollo.
Si possono sperimentare molte varianti negli ingredienti: sedano, fagiolini, finocchio, zucchine, ecc. Inoltre si possono aggiungere cereali come, riso, farro, ecc. e semi come cumino, sesamo, ecc.

## 3.76   Orzo al curry

Ricetta di:   Iaia
Difficoltà:   Facile
Tempo:       45 minuti

### Ingredienti per 2 persone

- ? 200 g di orzo
- ? 1 litro di brodo vegetale (di verdura o di dado)
- ? 1 cipolla
- ? 1 carota
- ? 1 cucchiaino di curry
- ? prezzemolo fresco
- ? olio d'oliva

### Preparazione

Soffriggere la cipolla e la carota con un po' di olio e acqua, aggiungere l'orzo e far rosolare per qualche minuto unendo un po' d'acqua calda se necessario. Versare sull'orzo rosolato il brodo caldo e far cuocere, coperto e a fuoco basso, per 30 minuti. Lasciar riposare per qualche minuto, poi unire il curry e il prezzemolo tritato.

## 3.77   Orzo cremoso estivo

Ricetta di:   Lifting_Shadows
Difficoltà:   Facile
Tempo:        40 minuti
Stagione:     Estate

### Ingredienti per 2 persone

? 140 g di orzo

? 2 zucchina grandi

? 14 fiori di zucca

? panna di soia

? 1 cipolla

? olio e sale

### Preparazione

Sciacquare l'orzo due o tre volte e lessarlo in acqua bollente salata per almeno mezz'ora. Nel frattempo, tritare sottilmente la cipolla e farla soffriggere in poco olio. Tagliare lr zucchina a cubetti e i fiori di zucca a striscioline (dopo aver eliminato l'estremità e il picciolo). Eliminare la cipolla e versare in padella la zucchina e i fiori, salare, e dopo qualche minuto aggiungere una tazza d'acqua e lasciar cuocere a fuoco medio per 20 minuti, o comunque finché le zucchine non sono morbide e l'acqua è stata quasi del tutto assorbita. Quindi versare l'orzo, la panna di soia, mescolare qualche minuto e servire.

### Note

Se avete da parte dell'orzo già cotto ovviamente il tempo di preparazione è dimezzato.

## 3.78   Orzotto carciofi e zafferano

Ricetta di:   Vale_Vegan
Difficoltà:   Facile
Tempo:        40 minuti
Stagione:     Primavera, Autunno

### Ingredienti per 2 persone

? 2 carciofi con gambo

? 2 bicchieri di orzo perlato

? 2 scalogni

? poco vino bianco

? mezzo litro di brodo vegetale

? 1 cucchiaio di margarina o burro di soia

? 1 bustina di zafferano

? olio

? sale e pepe q.b.

### Preparazione

Pulire e mondare i carciofi pelando bene i gambi, che andranno tagliati a tocchetti spessi un dito, mentre il fiore del carciofo va tagliato prima in quarti, eliminando la peluria interna, e poi tagliato a striscioline di mezzo cm.
In un pentolino far cuocere per 10 minuti l'orzo con il mezzo litro di brodo e i pezzi di gambo; nel frattempo, in una padella mettere un po' di olio e lo scalogno tritato grossolanamente, sale e pepe e far soffriggere leggermente per poi sfumare con il vino bianco. Aggiungere i carciofi a striscioline e farli saltare per 2-3 minuti. Versare poi nella padella l'orzo con tutto il brodo, aggiungere lo zafferano e portare a cottura rimestando ogni tanto.
Quando tutto il brodo sarà evaporato, controllare la cottura dell'orzo e aggiustare di sale, dopodiché mantecare con la margarina.

## 3.79   Padellata di riso thai

## Ingredienti per 6 persone

- ? 400 g di riso thai aromatico
- ? 200 g di tofu affumicato
- ? 240 g di fagioli borlotti lessati
- ? 300 g di mais
- ? 90 g di germogli di soia
- ? 2 cipolle piccole o 1 grande
- ? 50 g di mandorle
- ? olio di oliva

## Preparazione

Far bollire il riso per 15 minuti e nel frattempo far appassire la cipolla tagliata a pezzetti con un po' d'olio di oliva; aggiungervi il mais e scottarlo un po', poi il tofu a cubetti, i fagioli, i germogli di soia (tutte le verdure e i legumi possono essere presi già cotti, in lattina) e le mandorle sminuzzate grossolanamente. Insaporire a piacere con sale, dado vegetale in polvere e/o pepe. Nel frattempo si sarà cotto il riso, che verrà aggiunto alla fine alle verdure. Versare ancora un po' d'olio e mescolare il tutto. Può essere servito sia caldo appena fatto che freddo come un'insalata di riso.

## 3.80 Pansotti malfatti al pesto

## Ingredienti per 6 persone

Per la pasta:

- ? 300 g di semola rimacinata di grano duro
- ? 1 cucchiaio di semi di sesamo
- ? 150 ml di acqua
- ? un pizzico di sale

Per il ripieno:

?  5 patate medie

?  200 g di fagiolini

?  un pizzico di sale o un cucchiaino di shoyu

Per il pesto:

?  3 manciate di foglie di basilico lavate e asciugate

?  1 cucchiaio di pinoli

?  1 spicchio grande di aglio, o di più, a piacere (facoltativo)

?  4/5 grani di sale grosso

?  4/5 cucchiai di olio extra vergine di oliva

## Preparazione

Mettiamo in una terrina capiente tutti gli ingredienti per la pasta e iniziamo ad impastare con le mani; una volta amalgamato l'impasto, continuiamo ad impastarlo sulla spianatoia, leggermente infarinata, fino ad ottenere una palla di pasta liscia ed elastica. A questo punto rimettiamola nella terrina, copriamo e lasciamo riposare almeno 30 minuti.
Intanto prepariamo il ripieno: sbucciamo le patate, le laviamo e le tagliamo a tocchetti piccoli, le mettiamo in una padella antiaderente con un filo di olio e un poco di sale e iniziamo a cuocerle a fuoco decisamente allegro; intanto mondiamo, laviamo e tagliamo a tocchetti piccoli i fagiolini e poi li mettiamo in padella assieme alle patate e aggiungiamo un bicchiere di acqua. Copriamo e lasciamo cuocere sino a che gli ingredienti non si siano ammorbiditi. Se a fine cottura rimane ancora un poco di acqua, abbassiamo il fuoco, togliamo il coperchio e proseguiamo la cottura fino a quando le nostre patate e i fagiolini non siano asciutti. Poi schiacciamo il tutto con i rebbi della forchetta o li passiamo al passaverdure con il disco a fori larghi o con lo schiacciapatate, in modo da ottenere un composto abbastanza granuloso. Lasciamo raffreddare.
Mettiamo sul fuoco una pentola capiente con abbondante acqua leggermente salata (del sale in realtà non ci sarebbe bisogno in quanto abbiamo salato ogni singolo ingrediente, ma poi fate voi a vostro piacimento); intanto, tiriamo la pasta dello spessore che preferiamo e ricaviamo, tagliandoli con un coltello o con un coppapasta (per i precisini), dei riquadri di circa 8 centimetri per lato. Iniziamo a farcirli con il nostro ripieno, facendo delle palline con le mani. Ricordiamoci di inumidire con un poco di acqua i lembi esterni della pasta, prima di chiuderli, pressiamo bene con le dita lungo i bordi e ripassiamoli con i lembi della forchetta; in questo modo siamo sicuri che non si apriranno in cottura, possiamo chiuderli sia a triangolo che semplicemente ripiegati a fazzoletto, o, se abbiamo usato il coppapasta tondo, li chiudiamo a mezzaluna. Ed ecco pronti per la cottura i nostri pansotti!
Prepariamo il condimento: mettiamo tutti gli ingredienti nel mixer (i puristi e i romantici useranno il mortaio) e frulliamoli grossolanamente. Cuociamo i pansotti per 4/5 minuti scoliamoli, facciamoli saltare in padella velocemente con il condimento e serviamoli subito!

## Note

Variante 1: se tostate i semi di sesamo, la pasta avrà un sapore più marcato.

Variante 2: le patate e i fagiolini possono essere anche semplicemente cotti al vapore (versione più light); in questo caso, aggiungeremo all'impasto del ripieno dei pinoli tostati e tritati grossolanamente, che ovviamente non metteremo nel condimento.

## 3.81 Pasta ai fagiolini e menta

Ricetta di:  Serendip
Difficoltà:  Facile
Tempo:  30 minuti
Stagione:  Estate, Autunno

### Ingredienti per 2 persone

? 160 grammi di pasta corta

? 200 g di fagiolini (anche surgelati)

? 200 g di piselli freschi o surgelati

? olio extravergine d'oliva

? menta fresca

? basilico fresco

? mandorle tritate

### Preparazione

Far cuocere i piselli e i fagiolini in umido, in una padella con olio, sale e acqua q.b., per circa 15-20 minuti, a seconda della durezza. Quando saranno cotti, tagliare i fagiolini a pezzetti di 1-2 cm. Nel frattempo far bollire la pasta, scolarla e farla saltare un minuto in padella insieme alle verdure, cospargere di menta e basilico spezzettati, piuttosto abbondanti perché se ne senta il profumo, aggiungere un po' d'olio e se si vuole anche una spolverata di mandorle tritate finemente, mescolate a un po' di sale.

## 3.82   Pasta ai peperelli

Ricetta di:   Lostris
Difficoltà:   Facile
Tempo:        20 minuti
Stagione:     Primavera, Estate

### Ingredienti per 4 persone

? 1 cipolla

? 2 peperoni rossi

? 2 peperoni gialli

? 1 confezione di panna di soia da cucina

? 1 bustina di zafferano

? prezzemolo fresco

? olio extravergine di oliva

? sale e pepe

### Preparazione

Tagliare a pezzettoni una cipolla e farla rosolare a fuoco lento con po' di olio e di acqua. Intanto tagliare a tocchetti i peperoni e aggiungerli appena la cipolla sta dorando. Salare e tenere a fuoco vivo, aggiungendo un poco d'acqua quando serve, fino a ultimare la cottura (circa 15 minuti). Quando i peperoni saranno morbidi, aggiungere la panna vegetale, una bustina di zafferano, prezzemolo e pepe a piacere.

### Note

Un abbinameto perfetto può essere fatto con pasta corta rigata di grande taglia, affinchè il condimento si infili dentro!

## 3.83 Pasta ai pomodori gratinati

Ricetta di:    Supercri
Difficoltà:    Facile
Tempo:         50 minuti
Stagione:      Estate, Autunno

## Ingredienti per 2 persone

?  50 g di foglie di basilico

?  50 g di foglie di prezzemolo

?  100 g di pangrattato

?  1 kg di pomodorini ciliegia

?  200 g di pasta corta

?  olio, sale, peperoncino q.b.

## Preparazione

Pulire e tritare basilico e prezzemolo, poi mescolarle con il pangrattato, salare e insaporire con il peperoncino.
Lavare i pomodorini ciliegia, tagliarli a metà e stenderli in un solo strato su una teglia coperta di carta da forno, salare, pepare, cospargere con il trito, condire con olio e passare in forno caldo a 180 gradi per 40 minuti circa.
Nel frattempo, cuocere la pasta e condirla con i pomodori.

## 3.84 Pasta ai tre peperoni

Ricetta di:    Dada1279
Difficoltà:    Facile
Tempo:         15 minuti
Stagione:      Primavera, Estate

## Ingredienti per 4 persone

?  500 g di penne di Kamut

?  1 peperone verde

- ? 1 peperone rosso

- ? 1 peperone giallo

- ? 6 pomodori perini-S.Marzano (da sugo)

- ? 1 cipolla bianca

- ? 4 o 5 cucchiai di olio d'oliva extravergine

- ? 2 cucchiaini di dado vegetale

- ? 125 g di panna vegetale

- ? 5 foglie di basilico fresco

- ? sale e pepe q.b

## Preparazione

Tagliate a cubetti i peperoni, dopo averli privati dei semi e dei filamenti interni. Tagliate a pezzettoni anche i pomodori, tritate la cipolla e tagliuzzate grossolanamente il basilico. In un tegame fate scaldare l'olio e soffriggete la cipolla; aggiungete successivamente i peperoni, girando qualche minuto. Coprite per due minuti in modo che i peperoni rilascino un po' di acqua, così da non bruciare la cipolla. Aggiungete successivamente la polpa dei pomodori e il dado vegetale. Lasciate cuocere per una decina di minuti con un coperchio, controllando che non si rapprenda troppo. Intanto cuocete la pasta. Terminate la cottura del sugo aggiungendo la panna vegetale e aggiustando di sale (con il sale o con altro dado vegetale, a vostro piacimento). Quando il sugo sarà pronto e denso, aggiungete il basilico. Quando la pasta sarà pronta scolatela e fatela saltare a fuoco vivo nel tegame con il sugo mescolando e aggiungendo un pizzico di pepe.

Chi volesse può aggiungere nella propria porzione una spolverata di lievito alimentare in scaglie.

## 3.85 Pasta ai veganformaggi

Ricetta di:   Arieldubois
Difficoltà:   Facilissima
Tempo:       15 minuti

## Ingredienti per 2 persone

- ? 200 g di pasta corta (penne, fusilli o maccheroni)

- ? 2 noci di burro di soia

- ? 125 g di formaggio vegan spalmabile

? 2 cucchiaini di frutta secca tritata: nocciole, mandorle, noci (oppure semi misti)

? 2 cucchiaini di lievito alimentare in scaglie

? pepe nero

? noce moscata

## Preparazione

Lessare la pasta al dente.
Mentre cuoce, mettere nei piatti di portata il burro di soia, il veg formaggio, il trito di frutta secca o semi.
Scolare la pasta al dente lasciando poca acqua di cottura, versarla nei piatti, mescolare bene e aggiungere pepe nero macinato al momento, la noce moscata e il lievito. Servire caldo.

## Note

Per chi prima amava la pasta ai formaggi, ma la trovava un mattone da digerire per ovvie ragioni, qui trova una copia molto migliore dell'originale senza rimpiangerne la tipica 'formaggiosità!' Essendo parecchio calorica, meglio limitarla a qualche occasione speciale e farne un piatto unico!

## 3.86   Pasta al forno ai fagiolini

Ricetta di:    Susanna101
Difficoltà:    Facile
Tempo:        40 minuti

## Ingredienti per 2 persone

? 200 g di fusilli

? 1/2 cipolla bianca

? 1 spicchio d'aglio

? 3 patate

? olio d'oliva q.b.

? 500 ml di brodo vegetale

? un pizzico di sale

? 200 g di fagiolini

? una manciata di pinoli

? pangrattato

? noce moscata

? pepe nero

## Preparazione

Pulire i fagiolini tagliando le due estremità e bollirli in abbondante acqua non salata per 20 minuti. Intanto, mettere a rosolare in una casseruola le patate pelate e tagliate a pezzetti, con olio, 1/2 cipolla sminuzzata e uno spicchio d'aglio, a fuoco dolce con coperchio, bagnando di tanto in tanto con un mestolo di brodo vegetale, finchè non diventano morbide. Aggiustare di sale. Mantenete il 'sughetto' delle patate abbastanza liquido perchè è quello che darà sapore alla pasta.

Finché cuociono le patate e i fagiolini, lessare i fusilli in acqua salata, scolandoli 3 minuti prima della cottura indicata. Preriscaldate il forno a 180. Quando tutto è cotto, comporre gli strati in una pirofila in questo ordine: un filo d'olio d'oliva sul fondo, fusilli, fagiolini tagliati a pezzetti, le patate con il loro fondo di cottura. Ricoprire con una manciata di pinoli, un velo di pangrattato, pepe, noce moscata (poca) e di nuovo un filo d'olio. Infornare e cuocere per 20 minuti.

## 3.87  Pasta al pesto di noci

Ricetta di:    Goji
Difficoltà:    Facilissima
Tempo:        15 minuti

## Ingredienti per 1 persona

? 3 noci

? olio extra vergine d'oliva

? sale

? pepe bianco o nero

? cannella (a piacere)

? lievito alimentare in scaglie

? pasta corta, meglio se integrale

## Preparazione

Per prima cosa mettete a bollire l'acqua per la pasta. Nel frattempo, prepariamo il pesto: una volta sgusciate, tritate le noci con un macinino elettrico fino a polverizzarle per poter poi ottenere un pesto cremoso, altrimenti fermatevi un po' prima se preferite che rimanga qualche pezzetto di noce (sennò potete sempre aggiungerne una spezzettata a piatto finito!).
In una padella antiaderente, già a fuoco acceso, mettete in ordine: l'olio evo, le noci tritate, quindi date una mescolata perché si amalgami; poi sale, pepe bianco o nero e, a scelta, un pizzico di cannella. Mescolate tutto a fuoco basso fino a formare una cremina (basta anche un minuto).
Pronta la pasta, fatela saltare con il pesto e se vi piace aggiungetevi un cucchiaio scarso di lievito in scaglie; un'altra mescolata e il piatto è pronto.

## 3.88 Pasta al pesto di sedano

Ricetta di:   Lia78
Difficoltà:   Facilissima
Tempo:        20 minuti
Stagione:     Inverno, Autunno

### Ingredienti per 2 persone

? 1 ciotolina di foglie di sedano

? 2 noci

? 10-15 mandorle

? 1 cucchiaino di lievito alimentare in scaglie

? 1/2 spicchio d'aglio

? olio extra vergine d'oliva

? 200 g di pasta

### Preparazione

Inserire nel mixer le foglie di sedano lavate, la frutta secca, l'aglio e il lievito alimentare in scaglie. Frullare il tutto finemente, aiutandosi con un po' d'olio. Aggiustare di sale e aggiungere olio fino ad ottenere un patè piuttosto consistente.
Nel frattempo, cuocere la pasta in abbondante acqua salata. Prima di scolare la pasta, allungare il pesto con un po' di acqua di cottura della pasta fino ad ottenere una consistenza soffice e cremosa. Scolare la pasta, e condirla col pesto.

## 3.89   Pasta al PestoFresco

Ricetta di:    BeVeggy
Difficoltà:    Facilissima
Tempo:         15 minuti

### Ingredienti per 2 persone

? 160 grammi di pasta corta (es. sedanini rigati di kamut o farro integrale)

? 5-6 pugni di foglie di spinaci freschi e teneri

? 8 mandorle spellate

? uno spicchietto d'aglio fresco

? 3 cm circa di radice di zenzero sbucciato

? 2 cucchiaini di thain (burro di sesamo)

? prezzemolo - timo - basilico (in ugual quantità)

? lievito in scaglie

? 3 - 4 cucchiai di olio extra vergine d'oliva

? pepe rosa in grani

### Preparazione

Mettere a bollire l'acqua e nel frattempo tritare tutti gli ingredienti, tranne il lievito in scaglie, nel mixer. Una volta scolata la pasta, condirla col pesto di spinaci. Spolverizzare su ogni piatto il lievito alimentare in scaglie e una grattugiata di pepe rosa.

## 3.90   Pasta al profumo dell'orto

Ricetta di:    Alessandra
Difficoltà:    Facile
Tempo:         40 minuti
Stagione:      Estate, Autunno

### Ingredienti per 4 persone

? 300 g di pasta corta a scelta (es. penne lisce, farfalle)

- ? 3 zucchine

- ? 2 peperoni (uno giallo e uno rosso)

- ? 1 melanzana

- ? basilico

- ? menta (facoltativo)

- ? aglio

- ? olio extravergine di oliva

## Preparazione

Tagliare tutte le verdure a listarelle e, a scelta, friggerle (separatamente) o grigliarle (per avere un piatto più light).
Ultimata la cottura, raccogliere tutte le verdure in una ciotola e condirle con olio e aglio, aggiungere qualche ciuffetto di basilico (e menta se gradita), salare e mescolare bene. Lasciare quindi insaporire qualche ora (l'ideale è prepararle la sera prima).
Cuocere la pasta scelta, quindi scolare e aggiungere le verdure e mescolare il tutto.

## Note

E' un piatto che può anche essere servito come piatto freddo, in forma di insalata di pasta, quindi dopo aver condito la pasta con le verdure lasciare ancora un'oretta in frigo, e poi servire.

## 3.91   Pasta al sugo di barbabietola

Ricetta di:   Lia78
Difficoltà:   Facile
Tempo:        30 minuti
Stagione:     Inverno, Autunno

## Ingredienti per 2 persone

- ? 200 g di pasta

- ? mezza barbabietola al forno

- ? 4-5 cucchiai di cipolla tritata

- ? 1 topinambur piccolo

? olio

? panna vegetale

? sale, pepe

## Preparazione

Tritate finemente la cipolla e il topinambur e rosolateli in una padella ampia con olio caldo, finché non saranno teneri, bagnando con acqua in modo da non farli scurire. Scegliete un olio d'oliva preferibilmente non troppo carico oppure un olio di semi.
Nel frattempo frullate la barbabietola con qualche cucchiaio di panna vegetale.
Cuocete la pasta del formato scelto in abbondante acqua salata, e scolatela con qualche minuto di anticipo (ad esempio, se la pasta ha 12 minuti di tempo di cottura, scolarla dopo 8-9 minuti), tenendo da parte un po' di acqua di cottura.
Aggiungete alle cipolle la crema di barbabietola, e aggiustate di sale se necessario. Infine, aggiungete la pasta, e spadellate sulla fiamma non troppo bassa. Portate a cottura aggiungendo man mano un po' di acqua di cottura, come se fosse un risotto. Spolverizzate con il pepe prima di servire.

## Note

In questa pasta, il gusto dolce e affumicato della barbabietola è bilanciato dalla cipolla e soprattutto dal topinambur, ne basta poco dal momento che da cotto ha un gusto molto deciso. Essendo un condimento piuttosto cremoso, penso si adatti a praticamente ogni tipo di pasta. Il colore è praticamente fucsia, decisamente particolare.
La cottura in padella permette di legare ulteriormente la pasta al sugo, grazie all'amido contenuto nell'acqua di cottura. Questo tipo di cottura si adatta benissimo anche ad altri sughi, ad esempio un sugo di pomodoro che non sia troppo ristretto.

## 3.92   Pasta al tè verde

Ricetta di:   Myeu
Difficoltà:   Facile
Tempo:        30 minuti

## Ingredienti per 2 persone

? 200 g di pipette rigate o altra pasta corta

? Una grossa fetta di zucca (300 g senza buccia)

- ? 150 g di fagiolini

- ? Due cipollotti

- ? Una ventina di pomodorini

- ? Semi di coriandolo

- ? Una tazza di tè verde, possibilmente aromatizzato (al gelsomino, alla malva, al fiore di loto...)

- ? Olio d'oliva

## Preparazione

Preparare il tè lasciandolo in infusione per 10 minuti e lessare la pasta. Nel frattempo, pulire e tagliare la zucca a cubetti e i fagiolini a pezzi di 2 cm. Tagliare i cipollotti a rondelle e soffriggerli nell'olio; aggiungere la zucca e i fagiolini e fare insaporire per 5 minuti. Aggiungere il tè e cuocere finché non è evaporato quasi del tutto (ci vorranno circa 20 minuti). A questo punto aggiungere i pomodorini tagliati a metà o in quarti a seconda delle dimensioni e saltare per qualche minuto.
Unire le pasta lessata e mescolare bene. Tritare qualche seme di coriandolo sulla pasta prima di servire.

## 3.93   Pasta alla carbonara

Ricetta di:    AntonellaSagone
Difficoltà:    Facile
Tempo:         20 minuti

## Ingredienti per 3 persone

- ? pasta corta 300 g

- ? tofu al naturale 120 g

- ? seitan affumicato

- ? olio EVO 3 cucchiai

- ? panna di soia 3 cucchiai

- ? sale nero 3 cucchiaini

- ? lievito alimentare in scaglie 2 cucchiai

- ? pepe 3 pizzichi

- ? zafferano 1 bustina

## Preparazione

Sbriciolare finemente il tofu con le mani o con la forchetta. Tagliare a dadini il seitan. Mentre la pasta si cuoce, preparare il condimento: in una padella antiaderente scaldare l'olio e soffriggere il seitan. Incorporare il tofu, il lievito e il sale; quando è ben amalgamato, aggiungere lo zafferano, il pepe, un goccio d'acqua e far ammorbidire. Lasciar riposare.
Scolare la pasta, rimetterla nella pentola insieme al condimento e incorporare la panna di soia, far rapprendere a fiamma viva e servire. Poiché il sale è abbondante, si consiglia di cuocere la pasta un po' sciapa.

## Note

Va bene quasiasi tipo di seitan affumicato, però meglio quello un po' speziato tipo wurstel, affettato o simile.

## 3.94   Pasta alla crudaiola

Ricetta di:   Marina
Difficoltà:   Facile
Tempo:   30 minuti
Stagione:   Estate

## Ingredienti per 2 persone

- ? 1 carota
- ? 2 zucchine
- ? mezzo peperone giallo e mezzo rosso
- ? 1 gambo di sedano
- ? 1 pomodoro ben maturo ma sodo
- ? 1 spicchio d'aglio
- ? mezzo cucchiaino di peperoncino in polvere
- ? 15 foglie di basilico fresco
- ? 4 cucchiai di olio extra vergine d'oliva
- ? 200 g di pasta (spaghetti o pasta corta)

## Preparazione

Tagliare tutte le verdure a dadini piccoli e metterle in una terrina. Fare attenzione a togliere tutta la parte interna coi semi ai pomodori, altrimenti il condimento risulta troppo acquoso. Aggiungere l'olio, il peperoncino, le foglie di basilico ben lavate, lo spicchio d'aglio tagliato a metà e mescolare bene. Mettere in frigo e lasciare che il tutto si insaporisca per 12-24 ore. Far a bollire l'acqua per la pasta e nel frattempo porre le verdure in una padella e farle soffriggere a fuoco medio. Aggiungere 2 pizzichi di sale. Una volta cotta la pasta, eliminare l'aglio dalle verdure, scolare la pasta e versarla nella pentola delle verdure, mescolare a fuoco vivace per un minuto e servire.

# 3.95 Pasta alla Norma

Ricetta di:    CrazyNoise
Difficoltà:    Media
Tempo:         30 minuti
Stagione:      Estate, Autunno

## Ingredienti per 4 persone

- ? 500 g di pasta corta (mezzemaniche, penne, rigatoni, fusilli)
- ? una melanzana media
- ? lievito in scaglie
- ? panna di soia
- ? 1 l di passata di pomodoro
- ? una cipolla media
- ? uno spicchio d'aglio
- ? olio d'oliva

## Preparazione

Per prima cosa affettiamo la melanzana, mettiamola in uno scolapasta e cospargiamo le fette di sale. Lasciamo riposare per 15 o 20 minuti. Poi sciacquiamo sotto acqua corrente e friggiamo in olio d'oliva.
Adesso prepariamo il sugo: affettiamo la cipolla finemente, versiamo un po' d'olio sul fondo di una pentola abbastanza capiente e mettiamo a soffriggere la cipolla a fiamma bassa per 10 minuti, rigirando di tento in tanto. Versiamo la passata di pomodoro, una cucchiaita di lievito in scaglie, lo spicchio d'aglio, un pizzico di sale e lasciamo bollire per un paio di minuti.

Aggiungiamo infine le melanzane fritte e il basilico. Lasciamo cuocere per altri 4 minuti e spegniamo il fuoco.

Nel frattempo avremo lessato la pasta al dente in abbondante acqua salata: scoliamola e uniamo il sugo, facciamo addensare il tutto sul fuoco per qualche secondo aggiungendo ancora un po"di lievito.
Servire con una spruzzata di panna e una spolverata di lievito.

## 3.96 Pasta alla ruggine

Ricetta di:   Vale_Vegan
Difficoltà:   Facile
Tempo:        20 minuti

### Ingredienti per 4 persone

- ? 350 g di pasta corta

- ? 1 spicchio d'aglio

- ? mezzo bicchiere di panna di soia

- ? mezzo bicchiere di pesto vegan

- ? salsa di pomodoro q.b.

- ? sale, pepe

- ? olio e.v.o.

### Preparazione

Mettere a bollire abbondante acqua, salarla al bollore e poi cuocere la pasta; nel frattempo spelare l'aglio e metterlo intero in una padella con un giro d'olio a fuoco basso basso; aggiungere poi il pesto insieme alla panna e far insaporire bene per 5 minuti, salare e pepare e spegnere il fuoco. Togliere l'aglio, aggiungere con un cucchiaino la salsa di pomodoro, ma poco alla volta, mescolando sempre bene, finchè avrete ottenuto un bel color ruggine.
Scolare la pasta al dente e portarla a cottura insieme al sugo saltandola in padella per un minuto.

## 3.97 Pasta alle melanzane fritte

Ricetta di: Iaia
Difficoltà: Media
Tempo: 30 minuti
Stagione: Estate, Autunno

### Ingredienti per 2 persone

? pasta lunga o corta 200 g

? pomodorini ciliegino 300 g

? 1 melanzana

? olio evo

? basilico (anche surgelato)

### Preparazione

Mentre l'acqua per la pasta bolle, rosolare per pochi minuti in olio evo i pomodorini tagliati a metà, aggiungendo qualche foglia di basilico e un po' di sale.
Tagliare la melanzana a fette sottilissime, friggerla velocemente in abbondante olio, scolare le fettine su carta da cucina, metterle da parte.
Scolare la pasta, rosolarla nei pomodorini, servirla, aggiungendo i ogni piatto una generosa porzione di melanzane fritte.

### Note

Non mettere le melanzane nella padella a rosolare, perchè perderebbero la loro croccantezza.

## 3.98 Pasta bruxelles e mele

Ricetta di: AndreaIris
Difficoltà: Facilissima
Tempo: 20 minuti

## Ingredienti per 3 persone

- ? 300 g di pasta integrale di farro o altro cereale
- ? 350 g di cavoli di bruxelles
- ? 1 mela Gala o altra varietà a polpa croccante
- ? 1-2 spicchi di aglio
- ? olio extra vergine d'oliva
- ? sale, pepe nero
- ? un filo di olio di semi di zucca e/o una manciata di semi di zucca

## Preparazione

Cuocere la pasta in abbondante acqua salata.
Nel frattempo, far soffriggere in poco olio extra vergine di oliva l'aglio grattugiato, a cui si uniranno i cavoli di bruxelles precedentemente lavati e tagliati a striscioline sottili. Salare. Far saltare qualche minuto, poi unire qualche cucchiaio dell'acqua di cottura della pasta e far asciugare.
Una volta che l'acqua aggiunta sarà asciugata, unire la mela tagliata tocchetti e far saltare fino a cottura.
Scolare la pasta al dente, unire il condimento e far saltare velocemente in padella.
Impiattare e condire con una spolverata di pepe nero, un filo di olio di semi di zucca e/o qualche seme di zucca spezzettato.

## 3.99 Pasta carciofi e radicchio

Ricetta di: Lia78
Difficoltà: Facile
Tempo: 45 minuti
Stagione: Inverno, Autunno

## Ingredienti per 4 persone

- ? 400 g di pasta
- ? 2 carciofi
- ? 1 radicchio trevigiano
- ? 2 spicchi d'aglio
- ? 4-5 cucchiai di olio extravergine d'oliva
- ? 70 g di affettato di vegetale affumicato

? sale, pepe

## Preparazione

Tagliate a pezzettini la pizzottera. Pulite i carciofi togliendo le foglie più dure e sbucciando i gambi, mettendoli a bagno in acqua e limone per evitare che anneriscano. Tagliateli a metà ed eliminate la barba interna. Infine, tagliateli a fettine sottili.

In un'ampia padella, scaldate l'olio e fatevi soffriggere gli spicchi d'aglio con la buccia, tagliati a metà. Aggiugete la pizzottera affumicata a pezzettini e dopo un minuto i carciofi. Saltate il tutto a fuoco vivo, finché i carciofi non saranno quasi cotti, aggiungendo un po' d'acqua se necessario. Per ultimo, aggiungete il radicchio tagliato a striscioline sottili e aggiustate di sale e di pepe.

Nel frattempo fate cuocere la pasta in abbondante acqua salata. Scolate la pasta piuttosto al dente e fatela saltare in padella con il sugo, bagnando se necessario con un po' di acqua di cottura della pasta.

## Note

L'amaro del radicchio e dei carciofi è bilanciato in questa ricetta dall'affumicato dell'affettato. Si possono usare anche altri affettati vegetali, ma sarebbe bene che fossero affumicati. È possibile anche affumicarli in padella: in una padella anti-aderente si mettono uno o due rametti di rosmarino e una foglia di alloro senza aggiungere olio. Si copre e si mette sul fuoco finché il rosmarino non comincia a bruciare e fare fumo. A quel punto spegnere il fuoco e mettere per un po' di minuti l'affettato da affumicare nella padella ben chiusa (bisogna essere veloci nel richiudere il coperchio per evitare che fuoriesca troppo fumo).

## 3.100 Pasta cavolfiore e arancia

Ricetta di: Andrealris
Difficoltà: Facile
Tempo: 25 minuti
Stagione: Inverno, Autunno

## Ingredienti per 4 persone

? 1/2 cavolfiore cotto al vapore (o bollito)

? il succo di 2 arance

? olio extravergine di oliva

- ? peperoncino secco o macinato

- ? curcuma

- ? 360 g di pasta corta

## Preparazione

Per prima cosa preparare il cavolfiore bollito. Una volta cotto, mettere sul fuoco la pasta. Nel mentre che si cuoce la pasta, porre una padella su fuoco medio con un filo di olio extravergine di oliva. Aggiungere curcuma e peperoncino a piacere; una volta amalgamata bene la curcuma nell'olio, aggiungere il cavolfiore già cotto, a pezzetti. Far rosolare qualche momento e aggiungere il succo delle 2 arance. Continuare fino a ridurre il liquido di cottura, si dovrà ottenere una consistenza cremosa. Aggiustare di sale. Scolare la pasta al desiderato grado di cottura e unire il condimento, saltare sul fuoco ancora qualche momento e servire in piatti individuali.

## 3.101  Pasta ceci e arachidi

Ricetta di:  Suffi
Difficoltà:  Facilissima
Tempo:       20 minuti

## Ingredienti per 2 persone

- ? 200 g di pasta integrale

- ? 1 barattolo di ceci lessati

- ? 150 ml di panna di soia

- ? 50 g di arachidi già tostate e salate

- ? una manciata di semi di zucca e girasole

- ? olio extra vergine di oliva

## Preparazione

Mettere a bollire l'acqua per la pasta e nel frattempo schiacciare metà dei ceci in una padella insieme a un po' di olio d'oliva; aggiungere la panna e i restanti ceci interi e amalgamare bene a fuoco basso.
Tritare le arachidi e i semi e unirli al resto degli ingredienti, con cui condiremo la pasta una volta pronta.

**Note**

Si possono mettere da parte un po' delle arachidi da mettere sopra la pasta prima di servirla.

## 3.102   Pasta con alghe e broccoli

Ricetta di:    Pamela
Difficoltà:    Facile
Tempo:         30 minuti
Stagione:      Inverno, Autunno

**Ingredienti per 4 persone**

- ?  400 g di conchiglie o altra pasta a piacere

- ?  1 o 2 spicchi d'aglio

- ?  1 peperoncino di cayenna secco o peperoncino in polvere

- ?  1 manciata abbondante di alghe dulse

- ?  1 broccolo piccolo o mezzo broccolo grande

- ?  2 cucchiai di salsa di soia (facoltativa)

**Preparazione**

Mettete a bagno le alghe in una tazza per una ventina di minuti. Scolatele e tagliatele in piccoli pezzi.
Nel frattempo lavate il broccolo e tagliatelo in cimette. Mettete a bollire poca acqua in una pentola che possa contenere il broccolo. Quando l'acqua bolle, fate cuocere le cimette e scolatele al dente.
In un'altra pentola avrete messo a bollire l'acqua per la pasta. Intanto, in una casseruola fate imbiondire l'aglio, tritato oppure lasciato intero per poterlo eliminare dopo la cottura, poi aggiungete il peperoncino, le alghe scolate e subito dopo i broccoli. Potete aggiungere anche l'acqua di ammollo delle alghe, facendo attenzione a non versare nel preparato eventuali impurità dell'ammollo rimaste sul fondo della tazza. Aggiungete anche qualche cucchiaio dell'acqua di cottura dei broccoli. Fate cuocere qualche minuto, salate (poco, se volete usare la salsa di soia) prima di togliere dal fuoco.
Quando l'acqua per la pasta bolle, versate la pasta e salate. Una volta cotta la pasta, scolatela, unite il condimento, rimescolate il tutto, rimettetelo sul fuoco e fatelo mantecare qualche minuto, mescolando spesso. Fuori dal fuoco, aggiungete, se volete, la salsa di soia.

**Note**

Si possono sostituire i broccoli con piselli, ottenendo una pasta altrettanto buona e diminuendo i tempi di preparazione.

## 3.103 Pasta con le "sarde felici"

Ricetta di:   ClauDioVegChef
Difficoltà:   Media
Tempo:        30 minuti

**Ingredienti per 2 persone**

? 200 g di bucatini, perciatelli o mezzi maccheroni

? 1/2 cipolla bianca

? 1 ciuffo di finocchietto selvatico fresco

? 50 g di pinoli

? 50 g di uvetta

? 50 g di tempeh

? 3 cm di alga kombu

? olio evo

? sale qb

**Preparazione**

Dopo aver mondato e lavato il finocchietto, immergerlo completamente in una pentola piena d'acqua insieme all'uvetta e porre sul fuoco. Appena l'acqua bolle, aggiungere il sale e lasciare proseguire la bollitura per un quarto d'ora.
Nel frattempo mettere in ammollo l'alga kombu per 10 minuti e poi tagliarla a striscioline minuscole. Tritare finemente la cipolla e cominciare a soffriggerla in una padella larga aggiungendo a metà cottura i pinoli.
Tagliare a fette sottili il tempeh e successivamente a quadratini di circa 1x0.5 cm e aggiungerli al soffritto.
Scolare il finocchietto e l'uvetta senza buttare via l'acqua. Aggiungere l'uvetta al soffritto e sminuzzare il finocchietto per poi aggiungere anch'esso e l'alga kombu al resto degli ingredienti.
Nel frattempo far raggiungere nuovamente la bollitura all'acqua e buttare la pasta che non avrà bisogno di nessuna aggiunta di sale in quanto l'acqua sarà già salata.

Quando la pasta sarà al dente, scolarla e unirla al condimento in padella, aggiungendo uno o due mestoli di acqua di cottura, se necessario, e saltare finché il condimento non risulterà equamente distribuito. Prima di impiattare attendere che tutta l'eventuale componente liquida sul fondo si sia asciugata.

## 3.104 Pasta CremOlivosa

Ricetta di: Vale_Vegan
Difficoltà: Facilissima
Tempo: 15 minuti

### Ingredienti per 4 persone

? 400 g di pasta

? 1 confezione di panna vegetale di soia

? 200 g di paté di olive verdi

? 1 spicchio d'aglio

? olio e.v.o.

? sale, pepe

### Preparazione

Mentre la pasta cuoce in abbondante acqua salata, mettere in una padella, che avrete sfregato con uno spicchio d'aglio (solo per darne il profumo), la panna e il patè in eguale quantità, sale, pepe e mescolare bene aggiungendo un goccio d'acqua.
Scolare la pasta al dente, versarla nel sugo e solo a quel punto mettere la padella sul fuoco e far saltare la pasta 2 minuti.
Volendo, decorare con qualche oliva verde denocciolata tagliata a rondelle.

### Note

Col patè di olive nere non viene buona allo stesso modo, e poi ha un colorino poco invitante, tipo grigio topo...

## 3.105   Pasta di Christian

Ricetta di:   Serendip
Difficoltà:   Facile
Tempo:        20 minuti

### Ingredienti per 2 persone

- ? 160 g di linguine
- ? 3 cucchiai di olio extravergine di oliva
- ? uno spicchio di aglio
- ? mezzo peperoncino
- ? una manciata di pane grattugiato
- ? prezzemolo fresco o surgelato

### Preparazione

Cuocere la pasta al dente, una volta scolata lasciarla un momento nello scolapasta mentre si fa rosolare nell'olio l'aglio tritato grossolanamente e il peperoncino, senza che colorisca troppo. Aggiungere la pasta e far cuocere per un minuto, poi il pangrattato e far cuocere ancora mezzo minuto, infine aggiungere il prezzemolo e servire.

### Note

Il pangrattato assorbe l'olio creando un effetto molto piacevole al palato, e si abbina perfettamente col gusto piccante.

## 3.106   Pasta fiori e piselli

Ricetta di:   Brinella
Difficoltà:   Facile
Tempo:        25 minuti
Stagione:     Primavera, Estate

**Ingredienti per 2 persone**

- ? 160 g di pasta corta integrale
- ? una tazza di piselli freschi
- ? mezza cipolla
- ? 10 fiori di zucchina
- ? mezzo bicchiere di panna di avena (o soia)
- ? sale qb
- ? 2 cucchiai di olio

**Preparazione**

Tagliare a fettine la cipolla e rosolarla dolcemente per 5 minuti nell'olio; aggiungere i fiori di zucchina fatti a pezzetti e i piselli e cuocere per altri 15 minuti. Aggiustare di sale. Cuocere la pasta al dente e versarla nel condimento insieme alla panna vegetale. Mescolare bene e servire.

## 3.107 Pasta fredda alla pizzaiola

Ricetta di: Serendip
Difficoltà: Facilissima
Tempo: 20 minuti

**Ingredienti per 2 persone**

- ? 160 g di pasta corta
- ? 250 cc di passata o polpa di pomodoro, come si preferisce
- ? olive nere tostate
- ? capperi
- ? aglio
- ? olio extravergine di oliva
- ? origano

## Preparazione

Mentre cuoce la pasta, tagliare l'aglio a fettine sottili e le olive a pezzettini, metterli in una terrina insieme a capperi, polpa di pomodoro, origano, sale, olio e un pizzico di sale, poi mescolare bene. Quando la pasta è pronta, farla raffreddare con un getto d'acqua, poi scolare bene, metterla nella terrina e mescolare. Meglio lasciar riposare in frigorifero per una ventina di minuti, ma si può mangiare anche subito, a temperatura ambiente.

## 3.108   Pasta fredda canapa e pomodori

Ricetta di:   VVale
Difficoltà:   Facilissima
Tempo:        20 minuti

### Ingredienti per 1 persona

   ? 70 grammi di pasta di canapa

   ? tre o quattro pomodori secchi

   ? un pomodoro rosso di medie dimensioni

Per il pesto:

   ? un cucchiaio di semi di canapa decorticati

   ? un mazzetto di rucola

   ? un cucchiaio d'olio d'oliva

## Preparazione

Iniziare a preparare il pesto frullando gli ingredienti. Tagliare a cubetti molto piccoli i pomodori sia freschi che secchi e tenerli da parte. Intanto cuocere la pasta, scolarla e raffreddarla subito sotto acqua fredda. Comporre il piatto mescolando la pasta con i pomodori e il pesto, eventualmente allungato con un po' di acqua di cottura della pasta. Lasciare raffreddare per bene in frigorifero per mezz'ora prima di servire.

## 3.109 Pasta fredda plus

Ricetta di: Zelia
Difficoltà: Media
Tempo: 30 minuti
Stagione: Estate

### Ingredienti per 5 persone

? 500 g di pasta formato farfalle

? 1 melanzana grande

? 2 zucchini medi

? un barattolo di mais

? un vasetto di pomodorini secchi sott'olio

? qualche foglia di basilico

? uno spicchio d'aglio

### Preparazione

Innanzitutto tagliare melanzana e zucchini a cubetti. In una padella scaldare le melanzane 'al funghetto' con abbondante olio e sale, mentre in un'altra saltare i cubetti di zucchine con olio, dell'aglio tritato e sale. Si fanno cuocere entrambe le verdure per circa 10 minuti, finché non si sono ammorbidite un po'. Tagliare anche i pomodorini secchi a pezzettini piccoli e tenere da parte l'olio in cui sono conservati.

Mentre zucchine e melanzane si ammorbidiscono in padella, si comincia a preparare la pasta, che deve cuocere molto al dente (si toglie dal fuoco un minuto prima del tempo scritto sulla confezione). L'altra operazione da fare è frullare le foglioline di basilico con l'olio dei pomodorini secchi.

Si scola la pasta e la si passa in acqua fredda per fermare la cottura. Infine, si mescola la pasta con le zucchine, le melanzane, i pomodorini secchi, il mais e l'olio dei pomodorini con il basilico e si mette tutto in frigo.

## 3.110   Pasta Italia

Ricetta di:    Brinella
Difficoltà:    Facile
Tempo:         25 minuti
Stagione:      Primavera, Estate

### Ingredienti per 4 persone

? 350 g di pennette

? 3 zucchine medie

? mezza cipolla bianca

? 1 tazza di ceci lessati

? 10 pomodori secchi

? origano fresco

? 1 bicchiere di vino bianco

### Preparazione

Tagliare sottilmente la cipolla e farla appassire in una padella con un filo d'olio. Aggiungere le zucchine tagliate a striscioline di 4 cm e farle sfumare con il vino. Tagliare a metà i ceci e aggiungerli dopo 5 minuti alle zucchine. Lasciare cuocere il tutto per altri 6-7 minuti. Spegnere e aggiungere un po' di origano fresco e i pomodori secchi tagliati a pezzettini. Scolare le pennette e condirea con il sugo.

## 3.111   Pasta mandorlata

Ricetta di:    Zoeleveg
Difficoltà:    Facile
Tempo:         20 minuti

### Ingredienti per 4 persone

? pasta fresca di grano duro 500 g

? zucca 300-400 g

? granella di mandorle una confezione

? funghi 200 g

? cipolla fresca bianca (mezza cipolla,una intera se piccola)

? vino bianco mezzo bicchiere

? aglio uno spicchio

## Preparazione

Io inizio sempre dalla zucca perché è quella che impiega di più a cuocere. Tagliarla a cubetti piccoli, far soffriggere un filo d'olio con la cipolla fresca tagliata finemente in una padella o pentola antiaderente abbastanza capiente e versare la zucca. Aggiungere acqua e una spruzzata di vino bianco. Continuare ad aggiungere acqua fino a cottura ultimata, ossia quando la zucca è quasi 'sciolta'. A parte, tagliare i funghi e cuocerli in un'altra padella con un soffritto di olio e lo spicchio di aglio, aggiungendo sempre un po' d'acqua. I funghi impiegano meno tempo per la cottura. Una volta cotto il tutto, unire funghi e zucca nella padella più grande, quella della zucca. Cuocere la pasta, del formato preferito, io di solito utilizzo i fusilli corti. Scolare la pasta e unirla al sughetto ottenuto facendo amalgamare il tutto per bene in padella. Una volta impiattato il meraviglioso piatto di pasta, spolverare con la granella di mandorle. Buon appetito!

## 3.112 Pasta mari e monti rivisitata

Ricetta di:  ILARIA27
Difficoltà:  Facile
Tempo:  60 minuti
Stagione:  Primavera, Estate, Autunno

## Ingredienti per 4 persone

? 500 g di pasta (formato preferibilmente corto, tipo fusilli)

? 4 zucchine

? 600 g di funghi champignon

? 30 g di pinoli sgusciati

? 1 spicchio d'aglio,

? olio

? spezie a piacere

## Preparazione

Preparare separatamente i condimenti. Per le zucchine: mettere a soffriggere òp spicchio d'aglio, tagliare le zucchine a rondelle e cuocerle con l'olio. Personalmente, evito il piùpossibile il sale, quindi piuttosto uso le spezie: origano, noce moscata, curry, paprika e pepe, nelle quantitàe nelle combinazioni che ciascuno preferisce.
Per i funghi: dopo averli puliti e lavati, tagliarli a fettine sottili (con apposito arnese, tipo pelapatate) e metterli a cuocere in padella. Quando le due cotture sono giunte ciascuna a compimento, unire i due condimenti. I pinoli non vanno cotti, ma aggiunti all'ultim momentoo, per non alterarne il sapore.

# La scelta vegan

Diventare vegan è una scelta tanto semplice quanto importante. Oltre a scoprire molti nuovi piatti e riscoprire alcune sane abitudini alimentari spesso dimenticate, una volta acquisite alcune informazioni di base si possono mangiare quasi tutti i piatti a cui si è abituati, modificandoli per farli diventare 100% vegetali.

## 1.1 Cosa significa nella pratica essere "vegan"?

Niente di più semplice, bastano 5 secondi per spiegarlo: una persona vegan **vive come tutte le altre, mangia e veste come tutte le altre**, ma con delle semplicissime scelte quotidiane riesce a evitare a **migliaia di animali una vita di sofferenza e una morte atrocen**.

Tutti noi ogni giorno compiamo moltissime piccole scelte, ad esempio su cosa mangiare, o quali capi di abbigliamento acquistare. Ci basiamo su vari parametri: di cosa abbiamo voglia, in questo momento, di un piatto di pasta o di un panino? Meglio comprare un giaccone sportivo da usare tutti i giorni o uno più elegante? Quanto siamo disposti a spendere per un dato acquisto? E così via.

Essere vegan significa semplicemente introdurre nelle nostre scelte un parametro in più: il fatto che per produrre una certa cosa vengano uccisi o meno degli animali. Quindi tra un panino al prosciutto (o al formaggio) e un panino alle verdure grigliate **scegliamo** il secondo, perché nessuno di noi vuole uccidere un animale quando può benissimo evitarlo. E tra una pasta al pomodoro e tonno e una al pomodoro e olive, scegliamo la seconda. Se ci va una pizza, la chiediamo senza mozzarella; se abbiamo voglia di una pasta al forno usiamo ragù e besciamella vegetali (buonissimi e indistinguibili da quelli tradizionali!). In un negozio di abbigliamento, scegliamo giacconi senza bordi in pelliccia e lana.

**Non c'è niente di epico, niente di eroico, niente di difficile**: semplici scelte quotidiane per salvare innumerevoli vite.

### 1.1.1 Sei un potenziale vegan?

Scopriamolo insieme con un piccolo test... surreale :)

1. Immagina che ti chiedano di scegliere tra un panino con melanzane alla griglia e uno con zucchine alla griglia. E tra una mela e un'arancia.

2. Pensa a cosa sceglieresti; ad esempio il panino con le zucchine e la mela.

3. Ora immagina che la persona che ti ha offerto il cibo, dopo avertelo consegnato prenda un maialino e si appresti a ucciderlo.

4. Alle tue rimostranze, ti risponde che, per un qualche motivo, lui ucciderà il maialino ogni volta che una persona sceglie il panino alle zucchine e la mela. Se tu scegliessi il panino alle melanzane e l'arancia nessun animale morirebbe. Ok, è un esempio assurdo, ma andiamo avanti e scoprirai che lo è meno di quanto sembri...

5. Cosa faresti? Probabilmente risponderesti, come **qualunque persona** a cui lo abbiamo chiesto, che cambieresti la tua scelta: se semplicemente mangiando un panino invece dell'altro o un frutto invece dell'altro puoi evitare una morte orribile, perché non farlo? Nessuno di noi manterrebbe la propria scelta senza preoccuparsi delle orribili conseguenze.

Bene, allora sei sulla buona strada per scegliere di diventare vegan. Questa scelta, di fatto, ti viene posta **ogni giorno**. Ogni giorno puoi scegliere se mangiare un panino alle verdure (o legumi, paté, ecc. ecc.) senza uccidere nessuno oppure un panino al prosciutto, causando la morte di un animale. Puoi scegliere una pasta che causa la morte di un animale o una altrettanto buona che non lo fa.

Ecco, la scelta è semplicemente questa, non dissimile da quella del test. Ma, mentre in quel caso tutti rispondono che cambierebbero la propria scelta per non far morire il maialino, quasi tutti nella vita reale fanno il contrario... perché?

**Pensaci!**

## 1.2  Diventare Vegan

Diventare vegan è la scelta più importante da fare per cambiare in meglio il mondo. Si salvano animali, si salva l'ambiente, si combatte la fame nel mondo, si migliora la propria salute.

Ma cosa si intende esattamente con essere "vegan"? E quali sono i motivi?

### 1.2.1  Definizione!

Ecco intanto la "definizione esatta"... per passi!

Ecco intanto la "definizione esatta" di che cosa significa mangiare vegan, per quanto riguarda l'aspetto alimentare di questa scelta, dato che è questo il settore più importante, quello in cui il maggior numero di animali trovano la morte.

Una persona vegetariana è una persona che non mangia animali, di nessuna specie. Di terra, d'acqua, d'aria. Tradotto in termini più crudi, cioè parlando di quello che gli animali "diventano" una volta uccisi, un vegetariano non mangia carne di nessun tipo (affettati compresi: sempre carne è) né pesce.

Una persona vegan, oltre a non mangiare animali non mangia nemmeno i loro prodotti - latte e latticini, uova e miele - perché anche per ottenere questi prodotti gli animali vengono uccisi.

Oltre all'aspetto dell'alimentazione ci sono però anche tutti gli altri settori: la scelta vegan è una scelta etica di rispetto per gli animali, questo è il senso del termine, assegnatoli dall'inventore stesso della parola, Donald Watson. Quindi, essere vegan significa impegnarsi a non nuocere agli animali, evitando l'utilizzo di prodotti derivanti dagli animali in tutte le situazioni: per vestirsi, per arredare, per l'igiene personale e della casa (come lana, piume, pelle, cuoio, pellicce, seta, cosmetici testati su animali, ecc.); non divertirsi a spese della vita e della libertà di altri animali (tenendosi lontani da zoo, circhi, acquari, ippodromi, maneggi, caccia, pesca, feste con uso di animali), non trattare gli animali come oggetti e merce (come avviene nella compravendita di animali domestici).

La scelta vegan è dunque puramente etica e si estende a ogni settore, non solo a quello alimentare; invece, una scelta meramente alimentare, non mossa da ragioni di rispetto per gli animali, ma unicamente da motivazioni ecologiste e salutiste, possiamo definirla semplicemente come scelta di una dieta 100% vegetale.

**Stessi motivi per la scelta vegetariana e vegan**

Se confrontiamo i motivi per scegliere un'alimentazione latto-ovo-vegetariana e una 100% vegetale, ci rendiamo contro che non ci sono motivazioni diverse nei due casi: qualsiasi sia la causa della scelta, cioè il "problema", che si vuole risolvere, la "soluzione" vegetariana è solo parziale, e per le stesse identiche cause il passo successivo da fare è quello vegan.

Ma se le informazioni sono note fin dall'inizio, non c'è alcuna ragione per fare questa evoluzione in più passi, si può fare direttamente la scelta vegan: anni fa questa scelta la si faceva in due passi, perché era ancora difficile trovare informazioni per capire che la produzione di latte e uova uccide animali e devasta l'ambiente proprio come la produzione di carne e pesce, ma oggi che queste cose si sanno, sempre più di frequente il passo è uno solo, da onnivoro a vegan!

## 1.2.2 Quali sono i motivi

La scelta vegan è etica: è giusto rispettare la vita degli altri animali, e non ucciderli per il nostro piacere personale.

Ma ci si può avvicinare a un'alimentazione 100% vegetale per ragioni ambientaliste, salutistiche, umanitarie: questa scelta è il è il futuro, perché non è sostenibile mangiare in altro modo.

Non serve essere degli eroi: è facile vivere vegan. È la cosa più naturale del mondo, molto più che mangiare carne, latte e uova a ogni pasto, ricavati da animali trasformati in macchine stipati in allevamenti mostruosi.

La scelta vegan è per tutti: non esiste il vegan-tipo, le persone vegan sono diversissime tra loro per le convinzioni, i comportamenti, i gusti, l'aspetto, l'età... accomunati però dalla scelta importante di non nuocere.

Qui vogliamo darti qualche consiglio per iniziare il cammino vegan.

## 1.2.3 Essere vegan è giusto

Essere vegan è giusto perché non si fanno soffrire e non si uccidono animali per usarli come "ingredienti" per i nostri piatti.

Non abbiamo bisogno di ucciderli per vivere, lo facciamo solo per abitudine, ma è un'abitudine che è giusto cambiare, perché non ha senso provocare così tanto dolore solo per potersi mangiarsi un panino o una bistecca.

Uccidere gli altri animali è un atto di sfruttamento e violenza, e lo facciamo solo perché abbiamo il potere per farlo, non perché sia giusto così.

Molte persone provano orrore per l'abitudine di altri popoli di mangiare cani, gatti, delfini o balene, ma questi animali non soffrono di più degli animali consumati normalmente in Europa. Allo stesso modo, altri popoli provano orrore per la nostra abitudine di mangiare conigli o cavalli, considerati animali d'affezione. Questo ci insegna che, dunque, la differenza sta solo nell'abitudine, non nella morale. Un maiale non è diverso da un cane, un gatto non è diverso da un coniglio, in quanto alla capacità di provare sentimenti, emozioni, paura, gioia, affetto. Gli animali sono tutti uguali.

Eppure il modo in cui vengono trattati gli animali negli allevamenti è così terribile che se le stesse azioni fossero commesse su cani e gatti, per la legge italiana il colpevole finirebbe in galera. Ma attenzione: non è colpa "dell'allevatore cattivo", ma di chi gli dà i soldi quanto fa la spesa al banco macelleria...

In 80 anni di vita ogni italiano usa come "cibo" circa 1400 animali.

Smettere di causare tutta questa morte e sofferenza è facile, basta smettere di mangiare la carne degli animali e i loro "derivati", cioè latte e uova.


### 1.2.4   Essere vegan è il futuro, per l'ambiente, il mondo e la salute

**Il futuro per l'ambiente**

Il futuro, già a breve termine, non consentirà consumi di carne (pesce compreso), latte, uova pari a quelli attuali, perché, semplicemente, non ci sono abbastanza risorse sulla Terra per permetterlo.

Sono ormai sempre di più gli studiosi che denunciano con articoli ben circostanziati - sia su riviste tecnico-scientifiche che divulgative - che uno dei modi più potenti di proteggere l'ambiente è quello di cambiare modo di mangiare, tornando a modelli più tradizionali e diminuendo quindi drasticamente il consumo di carne e altri alimenti di origine animale (latte, uova), la cui produzione è estremamente dispendiosa in termini di risorse (terreni, energia, acqua) e di inquinanti emessi (gas serra, sostanze chimiche, liquami ad alto potere inquinante).

# Animali come macchine: del tutto inefficienti

Per comprendere i motivi dell'impatto sull'ambiente occorre notare che gli animali d'allevamento sono "fabbriche di proteine alla rovescia".

Infatti gli animali d'allevamento consumano molte più calorie, ricavate dai vegetali, di quante ne producano sottoforma di carne, latte e uova: come "macchine" (così sono ormai considerati nella moderna zootecnia, anche se macchine di certo non sono) che convertono proteine vegetali in proteine animali, sono del tutto inefficienti. Il rapporto di conversione da mangimi per gli animali a "cibo" per gli umani varia da 1:30 a 1:4, a seconda della specie animale. Vale a dire: per ogni kg di carne che si ricava da un animale, lo stesso animale deve mangiare mediamente 15 kg di vegetali, appositamente coltivati. Questo causa uno spreco enorme di terreni fertili, energia, acqua, sostanze chimiche.

Alcuni dati:

Spreco di acqua - il settimanale Newsweek ha calcolato che per produrre soli 5 kg di carne bovina serve tanta acqua quanta ne consuma una famiglia media americana in un anno. Nell'agosto 2004 si è tenuta la consueta "Settimana Mondiale dell'Acqua", a Stoccolma, durante la quale gli esperti hanno spiegato che le riserve d'acqua non saranno sufficienti a far vivere i nostri discendenti con la stessa dieta oggi imperante in Occidente e hanno affermato che sarà necessario ridurre il consumo di alimenti di origine animale.

Spreco di energia - le calorie di combustibile fossile spese per produrre 1 caloria di proteine dalla soia sono pari a 2; per il grano, servono 3 calorie, per il latte 36, per il manzo 78. (Fonte: "Energy and land constraints in food protein production", Science, Nov 21, 1975)

Inquinamento da deiezioni - in USA è stato calcolato che le deiezioni - cioè gli escrementi - provenienti dagli allevamenti intensivi inquinano l'acqua più di tutte le altre fonti industriali raggruppate. (Fonte: Envinromental Protection Agency 1996)

Abbattimento delle foreste - circa il 70% delle foreste tropicali abbattute, sono abbattute per far posto a pascoli per bovini. Dopo 5-6 anni l'area si desertifica, e viene abbattuta un'altra porzione di foresta. Nel 2003 c'è stata una crescita del 40% della deforestazione nella foresta amazzonica brasiliana rispetto all'anno precedente, per far posto a nuovi pascoli (Fonte: Rapporto del CIFOR, Centro per la Ricerca Forestale Internazionale, 2004).

## Il futuro per il mondo

Gli sprechi di vegetali, terreno, energia, acqua, pesano soprattutto sui paesi più poveri, e "rubano" le loro risorse.

Il Brasile conta 16 milioni di persone malnutrite. Ed esporta 16 milioni di tonnellate di soia per mangimi animali - 1000 kg di soia l'anno per ogni individuo malnutrito! (Fonte: Database FAO 2001)

In Messico, milioni di persone soffrono di denutrizione cronica. Nel 1960, il bestiame consumava il 5% dei cereali prodotti. Nel 2003, il 45%. Allo stesso modo, per l'Egitto si è passati dal 3% a 31%, per la Cina dall'8% al 28%. Quindi si usano i terreni, anziché per coltivare cibo per le persone, per coltivare mangimi per animali, con il conseguente spreco descritto sopra. (Fonte: Unimondo)

In organizzazioni come l'OMS e la FAO aumenta sempre di più la preoccupazione per l'impatto dell'allevamento industriale sull'utilizzo delle terre coltivabili e conseguentemente sulla possibilità o meno di nutrire il mondo in modo efficiente.

Esse affermano: "L'aumento del consumo di prodotti animali in paesi come il Brasile e la Cina (anche se tali consumi sono ancora ben al di sotto dei livelli del Nord America e della maggior parte degli altri paesi industrializzati) ha anche considerevoli ripercussioni ambientali. Il numero di persone nutrite in un anno per ettaro varia da 22 per le patate, a 19 per il riso fino a solo 1 e 2 persone rispettivamente per il manzo e l'agnello. Allo stesso modo, la richiesta d'acqua diventerà probabilmente uno dei maggiori problemi di questo secolo. Anche in questo caso, i prodotti animali usano una quantità molto maggiore di questa risorsa rispetto ai vegetali." [WHO/FAO, Diet, nutrition, and the prevention of chronic disease. Report of the Joint WHO/FAO expert consultation, 26 aprile 2002]

L'economista Frances Moore Lappè, ha calcolato che in un anno, nei soli Stati Uniti, sono stati prodotti 145 milioni di tonnellate di cereali e soia per mangimi animali. Da questi 145 milioni di tonnellate di cibo sono stati ricavati solo 21 milioni di tonnellate di carne, latte, uova. Facendo la differenza, si ottengono 124 milioni di tonnellate di cibo sprecato: questo cibo, avrebbe assicurato un pasto completo al giorno a tutti gli abitanti della Terra! Con il solo spreco degli USA. (Fonte: Frances Moore Lappè, "Diet for a small planet", New York, Ballantine Books, 1982, pp.69-71)

## Il futuro per la nostra salute

Secondo l'Annuario statistico italiano 2007 dell'Istat, le maggiori cause di morte in Italia sono le malattie cardiache e i tumori. Solo questi due fattori sono la causa di quasi tre quarti delle morti che avvengono in Italia ogni anno (il 71,2%, per le precisione).

Eppure, sono anche i fattori più facilmente prevenibili con uno stile di vita corretto, la cui componente principale è una corretta alimentazione. Per quanto riguarda le malattie cardiache, esse sono spesso addirittura curabili, non solo prevenibili.

L'alimentazione ottimale per prevenire queste malattie (ma anche molte altre) è quella a base vegetale. Le linee guida del World Cancer Institute (l'Istituto Mondiale per gli studi sul Cancro) raccomandano testualmente di "prediligere diete basate su alimenti vegetali e comprendenti un'ampia varietà di verdura, frutta, legumi e carboidrati poco raffinati e, se si consuma carne rossa, di non consumarne più di 80 g al giorno".

Da notare il "se": il cibo su cui basare la nostra alimentazione è quello vegetale, il consumo di carne è "facoltativo", ma se c'è non deve superare un certo limite. Questo limite MASSIMO è fissato a 80 g al giorno, il che significa 30 kg l'anno. In realtà in Italia si consumano pro capite 92 kg di carne l'anno (62 di carne rossa, 30 di altre carni), quindi oltre il triplo del limite massimo consigliato!

È chiaro dunque che una modifica delle abitudini alimentari verso una drastica diminuzione del consumo di alimenti animali e un drastico aumento di cereali, legumi, verdura e frutta è l'unica strada che può salvarci dalle "malattie del benessere".

Lo stesso si verifica, in misura ancora maggiore, per le malattie cardiovascolari, che possono anche essere curate attraverso l'alimentazione. Negli USA vi è più di un esempio di progetti di successo basati su questo, che salvano la vita a moltissime persone.

### 1.2.5  Essere vegan è facile

Facile nel senso di "naturale": gli allevamenti intensivi sono la cosa più artificiale del mondo - cosa c'è di più innaturale del trattare come macchine degli esseri senzienti e inquinare a dismisura il pianeta in questo processo di "produzione"? Usare per i nostri piatti ingredienti vegetali è molto più "normale" e naturale.

Facile nel senso di "tradizionale": i piatti della nostra cultura mediterrana sono a base di vegetali.

Facile nel senso che non serve "integrare", "bilanciare", "sostituire": l'alimentazione naturale per un essere umano è quella a base vegetale, e basta che sia variata perché sia anche equilibrata, non serve preparare chissà quali piani nutrizionali. È l'odierna alimentazione a base di carne, latte, uova e essere squilibrata di per sè.

Facile nel senso che non servono "rinunce": non si rinuncia ai piaceri della tavola, semplicemente si cambiano gli ingredienti con cui si preparano i piatti. Di solito accade che ci sia più varietà nella dieta di un vegan che in quella di un onnivoro...

### 1.2.6  Essere vegan è per tutti

Non esiste un vegan-tipo: non esiste un "credo" politico o religioso, un carattere o un modo di comportarsi e di parlare, un modo di vestire o un aspetto fisico, una fascia d'età o un tipo di "cerchia sociale" che accomuni tutti i vegan. Per fortuna.

La scelta vegan è una scelta etica di rispetto per la vita degli animali, in tutti i campi, non solo quello dell'alimentazione; ma c'è chi si avvicina all'alimentazione 100% vegetale per motivi ecologisti, di rispetto dell'ambiente, o per combattere la fame nel mondo, o per la propria salute, e solo in un secondo tempo si avvicina alle motivazioni etiche, diventando vegan.

La motivazione etica è l'unica cosa che accomuna i vegan tra loro. Per il resto, ciascuno è una persona molto diversa dalle altre, nel modo di vivere, nel mestiere che fa, nella musica che gli piace, nello sport che pratica o non pratica, nelle idee politiche, nelle eventuali convinzioni religiose, nel carattere, nei libri che legge, nell'età che ha... in qualsiasi aspetto della sua vita.

### 1.2.7  Per iniziare

Un ottimo punto di partenza per capire perché, ma soprattutto come, vivere vegan, è il sito VegFacile: passo-passo vi guiderà lungo un facile percorso per diventare vegan, spiegandovi ogni cosa, togliendovi ogni dubbio, con tante foto e illustrazioni per rendere la lettura più chiara e scorrevole!

VegFacile, pur trattando tutti gli aspetti di questa scelta, è molto facile da seguire e ricco di foto esplicative, un punto di partenza molto utile per tutti!

La sua caratteristica principale sono le informazioni dettagliate sul "come" mettere in pratica la scelta vegetariana e vegan, e come affrontare il cambiamento d'abitudini passo-passo. La Home page riproduce una plancia di gioco, a caselle: ogni casella è un "passo" verso un'alimentazione vegan.

La "casella di partenza" di VegFacile riporta la testimonianza di vari personaggi vegetariani o vegani "famosi", del mondo della cultura, dello sport, dello spettacolo, della scienza, di oggi e del passato, stranieri o italiani.

Il "passo 1" prende in esame le motivazioni etiche per non mangiare più animali e le motivazioni ecologiste dato che, come consumo di risorse, la carne e tutti i cibi animali sono indiscutibilmente i "cibi" più dispendiosi, inefficienti e inquinanti che si possano concepire.

Un ulteriore passo è quello di eliminare dalla propria alimentazione latte e uova, per gli stessi motivi di cui al passo uno.

E poi via via viene mostrato come si "vive vegan", con una bella galleria fotografica di frighi e dispense vegan per far capire che la cucina vegan offre una infinita varietà di cibi tra cui scegliere, di piatti da preparare, semplici e più complessi.

Alcuni passi sono dedicati all'aspetto salutistico e di conoscenza dei singoli ingredienti, tradizionali ed esotici, altre pagine spiegano come affrontare la transizione da onnivoro a vegan, come gestire il cambiamento di abitudini, i rapporti con gli altri.
più.


## 1.2.8 Vegetariano non basta

Se sei vegetariano/a, ma non ancora vegan vorremmo che leggessi attentamente questa sezione: scoprirai che i motivi che ti hanno spinto a diventare vegetariano sono gli stessi che portano a essere vegan!


**Da vegetariano a vegan: per gli animali**

Hai fatto la scelta vegetariana per non uccidere animali? Ebbene, sappi che anche per la produzione di latte e uova gli animali vengono, per forza, uccisi. In questa lettera aperta è spiegato bene perché...

Questa lettera è indirizzata a chi è vegetariano per motivi etici, ma non ancora vegano. Cosa voglio trasmettervi, in queste pagine? Voglio convincervi a diventare vegani, ve lo dico subito. Voglio spiegarvi perché lo sono diventata io, nella speranza che gli stessi meccanismi di pensiero e di empatia funzionino anche in voi. Forse pensate che sarebbe più utile convincere i carnivori a diventare vegetariani, piuttosto. Ovviamente va fatto anche questo, e le facciamo ogni giorno con tante iniziative, ma qui, in questa lettera, voglio comunicare con voi, voi vegetariani, che già sentite, come me, orrore e rabbia al solo pensiero che un animale possa essere ucciso, angoscia e furore per gli allevamenti, i pescherecci, i macelli. Così possiamo ragionare su basi comuni. E questo è un compito altrettanto importante, perché si tratta, anche in questo caso, di salvare delle vite.

Io sono stata vegetariana per nove anni. Non vi spiego i motivi, perché sono gli stessi vostri. Credevo che non sarei mai diventata vegana. Non è necessario, pensavo. Quello che voglio è non uccidere. E consumando latte e uova non si uccide nessuno. È vero che c'è dello sfruttamento dietro gli allevamenti di galline ovaiole e mucche da latte. Ma il problema, allora, è cambiare i metodi di allevamento, di trattamento degli animali. Non è la produzione in sé di latte e uova, il problema. È il metodo. Quindi, in linea di principio, mangiare questi alimenti non è sbagliato. Perché, comunque, non uccide. Devo dire che forse, anche fosse vero che il consumo di latte e uova non uccide gli animali, questo ragionamento non sarebbe stato molto valido, perché occorre comunque dissociarsi e non contribuire allo sfruttamento, quando esiste. Ma questo è quel che pensavo, e ne ero convinta. Forse anche molti di voi ne sono convinti, e, per essere più in linea coi propri principi, consumano solo uova di galline allevate a terra, o di piccole fattorie, e latte di allevamenti non intensivi.

Purtroppo, purtroppo per gli animali, intendo, questo non basta, perché c'è un problema in più: non è "solo" una questione di sfruttamento. Ma di uccisione. Perché anche il consumo di latte e uova implica, necessariamente, l'uccisione di animali. Non gli stessi individui che producono questi "alimenti" (o almeno, non subito), ma loro simili, i loro figli, che devono morire affinché questa produzione sia possibile. È matematicamente, statisticamente, economicamente impossibile produrre latte e uova senza uccidere un altissimo numero di animali. Vi spiegherò ora perché. Per cui, alla fine, se avete scelto di essere vegetariani per non uccidere dovete, per lo stesso motivo, diventare vegani. Il motivo è identico, quindi è una decisione facile da prendere, perché ci siete già passati una volta. Siete già convinti della sua validità.

Mi concentro sul fatto dell'uccisione proprio per questo: si trattasse solo di sfruttamento, uno potrebbe sempre scegliere di usare prodotti di allevamenti non intensivi (il che significherebbe comunque, se si è coerenti, limitare molto il proprio consumo, renderlo minimale, perché gli allevamenti non intensivi non possono certo fornire prodotti a tutta la popolazione della Terra, nella quantità oggi considerata abituale). Ma si tratta invece di morte. E, come vegetariani per motivi etici, siete di sicuro già convinti che non sia lecito UCCIDERE gli animali. Perciò, punto su questo.

Perché produrre uova significa uccidere animali? Sentiamolo prima dalle parole di un allevatore di galline ovaiole. Vediamo qual è la realtà. I fatti, solo i fatti. E vediamo di tradurre questo esempio in una regola generale.

MUCCA PAZZA: SOS SMALTIMENTO IN DISCARICA PER PULCINI MORTI (ANSA) - ASTI, 3 FEB 2001 - Preoccupazione per lo smaltimento in discarica di quintali di pulcini morti, prima destinati alle industrie produttrici di farine animali, è espresso dagli allevatori dell'astigiano. L' SOS viene, in particolare, dall'azienda "Valversa" di Cocconato dove c'è il più grande impianto italiano di incubatrici per pulcini. "Ogni settimana - spiega Valerio Costa, uno dei fratelli titolari dell'azienda - dalle nostre incubatrici nascono 260.000 pulcini. Circa metà sono femmine e vivono per diventare galline ovaiole, l'altra metà maschi e vengono uccisi". Ogni settimana, dunque, tra pulcini morti e gusci d'uova, circa 300 quintali di scarti riempiono almeno 2 autocarri che, fino a quindici giorni fa, erano destinati alle fabbriche per le farine animali a un costo di 30 lire al chilogrammo. Adesso il sindaco di Cocconato, Carlo Scagno, dopo aver sentito tutte le autorità sanitarie regionali, ha emesso un'ordinanza che consente lo smaltimento nella discarica torinese di Basse di Stura per una spesa di circa 1.000 lire al chilo. "Non sappiamo - ha aggiunto il sindaco - fino a quando la discarica torinese potrà accogliere questi rifiuti speciali". D'altra parte "nell'azienda - afferma Costa - si lavora a pieno regime. Bloccare le incubatrici che ogni 21 giorni fanno nascere oltre un milione di pulcini e bloccare l'allevamento di oltre 50 mila galline che producono uova per le incubatrici, sarebbe un disastro". (ANSA).

Che cosa si ricava da questo, in sostanza? Che, mediamente, al fine di far nascere una gallina ovaiola, un pulcino maschio viene ucciso. Nella maggior parte dei casi viene ucciso subito, tritato, soffocato, gasato. Questo è il caso più "fortunato" per lui. In alcuni altri casi, vive qualche settimana per poi essere macellato come pollo. E questo vale ovviamente anche per le galline dei piccoli pollai a conduzione familiare o amatoriale. Anche per quelle galline che non finiranno mai macellate (come invece finiscono macellate quelle ovaiole degli allevamenti intensivi, in gabbia o a terra che siano, a fine carriera). Se in un pollaio ci sono anche solo cinque galline, da qualche parte saranno nate, no? Non ci sono di certo anche cinque galli, lo dice pure il proverbio... Al più, un gallo. E gli altri quattro, che statisticamente devono essere nati per poter aver le cinque galline femmine? Uccisi. Da qualunque posto venissero le galline. Questa è solo logica, e statistica.

Veniamo al latte. Perché la sua produzione comporta l'uccisione di animali (a parte le mucche da latte stesse, a fine carriera)?

Un esempio, dal mondo reale della produzione della mozzarella di bufala, una testimonianza di prima mano (apparsa in una mailing list a diffusione pubblica):

12 marzo 2002 - Il 12 di febbraio ultimo scorso, tornando a casa, ho intravisto una grande macchia scura sul bordo della strada. Avvicinandomi, ho visto che "la cosa"... era un bufalotto di alcuni giorni, ancora vivo. Devo dire che diverse volte negli anni mi è capitato di vedere carogne di bufalotti nei campi e lungo le strade, e ho sempre pensato che fossero morti di malattie perinatali. Ho segnalato il fatto all'autorità competente che è intervenuta per rimuovere la carcassa. Ma questa volta non si trattava di un cadavere, era un animale vivo. Un bufalotto maschio, senza marca nell'orecchio, senza padrone. L'ho caricato in macchina e l'ho portato a casa. Ho chiamato subito il Servizio Veterinario il cui responsabile ha detto che posso tenerlo per farlo crescere, perché probabilmente è stato abbandonato essendo un maschio. Allora i maschi vengono abbandonati? Si, mi è stato risposto, è l'abitudine in zona. Per legalizzarlo sono andata ai Carabinieri per fare la denuncia di "ritrovo". Anche il Comandante "sapeva": i maschi si uccidono, si lasciano lungo le strade, è "normale", non servono, non danno latte. Si parlava di soffocarli buttando la paglia in gola... Con il Servizio Veterinario abbiamo fatto i calcoli: circa 15.000 bufalotti maschi all'anno "non nascono" ufficialmente. Ma devono essere

nati, perché la natura procura l'equilibrio: nascono tanti maschi come femmine. E se sono

iscritti 40.000 bufali femmina devono essere minimo 15.000 i maschi che "spariscono". Ho sentito di altri "metodi" di uccisione: la maggior parte degli allevatori semplicemente lascia morire di fame i neonati, cioè li allontanano dalla mamma subito dopo il parto e non danno più attenzione. Muoiono! Basta! Ci sono quelli che li sotterrano vivi e ci sono quelli che li buttano nella fossa del letame. Qualche allevatore locale cresce i bufali maschi per la carne. Una percentuale molto bassa. Per il resto, per continuare a produrre mozzarella di bufala si dovrebbe organizzare una raccolta dei piccoli appena nati per portarli ai macelli.

Al di là dell'esempio specifico, per far produrre latte alla mucca occorre farle partorire un vitellino. Uno ogni anno, o ogni due, in ogni caso, se il vitellino è maschio non potrà vivere come "mucca da latte", perciò vivrà qualche mese e poi verrà macellato. I bufaletti fanno la stessa fine dei pulcini, ammazzati, o lasciati morire, appena nati. I vitellini invece vengono abitualmente mangiati, perciò vivono qualche mese per mettere su carne.

In conclusione, non è pensabile che possano essere mantenuti "a sbafo" animali improduttivi (i maschi). Anche nei piccoli allevamenti. Significherebbe raddoppiare i costi. E se mai gli allevatori e i consumatori diventassero così (e comunque ADESSO non lo sono e quindi ADESSO latte e uova implicano morte) tanto sensibili al benessere degli animali da consentire agli animali maschi di vivere... credete davvero che non sarebbe più probabile che si arrivasse invece a una semplice rinuncia a quella piccolissima quantità di prodotti animali che allevamenti di questo genere consentirebbero di ottenere?

Mi sembra così dimostrata, in termini logici, e in termini empatici (con i due esempi sopra riportati, che non possono non far inorridire un vegetariano), la necessità di diventare vegani. Il perché queste ragioni non siano immediatamente visibili non lo so, io stessa ci ho messo nove anni a rendermene conto. E ora sono vegana da cinque anni. Una volta scoperti i motivi, quale può essere la remora a diventare vegani? Solo qualche problema pratico in più. Maggiore difficoltà nel mangiare fuori casa. Minore scelta di cibi, e quindi qualche dubbio sul "ma cosa posso mangiare???" Perplessità sull'aspetto salutistico no, perché è noto che latte e uova di certo non fanno bene, anzi. Piuttosto, il non voler rinunciare alla mozzarella così buona o all'omelette alle verdure. Però... ci siamo già passati una volta, nella transizione da carnivori a vegetariani. E ce l'abbiamo fatta. Possiamo farcela anche questa volta. Dopotutto, questi sono gli stessi motivi che adducono i carnivori nel non voler diventare vegetariani. E noi, da vegetariani, non li accettiamo, vero?

Attenzione: è vero che facciamo già molto come vegetariani, e non possiamo essere perfetti, che non ridurremo mai a zero il nostro impatto negativo sul mondo e sugli animali, però... queste non possono essere delle ragioni per non fare il più possibile il prima possibile. Una volta che ci rendiamo conto del perché sia giusto e necessario.

Datevi tempo. Ma iniziate a pensarci. Grazie.

### Da vegetariano a vegan: per l'ambiente e la società
Hai fatto la scelta vegetariana per avere minor impatto sull'ambiente e sui paesi poveri?

Sappi che sono gli allevamenti di animali che creano questo impatto: qualsiasi allevamento, non solo gli allevamenti per gli animali "da carne". È l'allevamento in sé, il problema, che poi gli animali usati vengano sfruttati per produrre uova o latte o direttamente "carne" (ma tutti in realtà producono "carne", perché tutti, alla fine, finiscono al macello) non cambia la situazione, ciò che crea l'impatto sull'ambiente è l'allevamento di animali.

Pensiamo all'acqua usata: per 10 g di proteine ricavate dal latte servono 250 litri di acqua, 244 per le uova, contro i 132 dei legumi (il doppio!). Una mucca da latte beve 200 litri di acqua al giorno.

Pensiamo all'energia:  per produrre 1 caloria dal latte, servono 14 calorie da combustibile fossile, 39 per le uova, contro le 2,2 del grano.

Pensiamo al problema dello smaltimento delle deiezioni, che sono liquami altamente inquinanti prodotti in quantità enormi:  la quantità di deiezioni prodotte da una singola mucca da latte equivale a quella prodotta da 20-40 persone.

E così via...

Afferma Robert Goodland, ex consulente della Banca Mondiale, nel suo report del 2001 "The Westernization of Diets - The Assessment of Impacts in Developing countries - with special reference to China":

La diffusione degli allevamenti intensivi, per la produzione di carne e di latte, viene promossa attivamente da varie istituzioni pubbliche e private. Questa attività dovrebbe cessare, per ragioni ambientaliste e sanitarie. I requisiti nutrizionali dei 2-3 miliardi di persone che attualmente vivono con 2$ al giorno o meno, a cui vanno aggiunti i 2 miliardi di persone che si prevede si aggiungeranno nei prossimi 20 anni, possono essere soddisfatti solo attraverso una dieta tradizionale efficiente. I prodotti animali sono tra le fonti di cibo meno efficienti che esistano.


**Da vegetariano a vegan: per la salute**

Hai fatto una scelta salutistica?

Se mangi grandi quantità di latte, latticini e uova, la tua scelta proprio salutistica non è: latte, latticini e uova sono molto dannosi per la salute, sono di origine animale esattamente come la carne. E se ne mangi piccole quantità, perché non rinunciare del tutto? :-)

Gli esseri umani sono gli unici animali che consumano il latte di altre specie, e lo fanno anche dopo lo svezzamento. Tre quarti degli adulti, nel mondo, sono intolleranti al lattosio, cioè sono privi dell'enzima (lattasi) necessario ad agire sullo zucchero che si trova nel latte (lattosio); questo impedisce loro di digerire adeguatamente il latte e conduce a malattie del sistema digerente più o meno serie.

Il profilo nutrizionale del latte è simile a quello della carne.  Entrambi i cibi contengono un quantitativo simile di proteine e grassi saturi. Come la carne, il latte è completamente privo di fibra e delle centinaia di sostanze fitochimiche contenute nei cibi vegetali, che si sono rivelate fattori di protezione contro le malattie degenerative come la malattia coronarica e il cancro.

Per quanto riguarda le uova, il 70% delle loro calorie proviene dai grassi, la gran parte dei quali sono saturi. L'uovo contiene inoltre molto colesterolo, circa 200 milligrammi per un uovo di medie dimensioni.

Dal momento poi che il guscio dell'uovo è fragile e poroso, e che le condizioni in cui vengono solitamente tenute le galline ovaiole sono di estremo sovraffollamento, l'uovo è l'ospite ideale per la Salmonella, quel batterio che è il maggior responsabile di contaminazione microbica dei cibi.

Si crede comunemente che il contenuto di calcio del latte di mucca lo renda un cibo essenziale per prevenire il problema della ossa fragili, specie nei bambini. Il problema è che, anche se il latte può essere un modo efficiente per incamerare calcio dal cibo, ha anche molti svantaggi, in particolare un contenuto di grassi saturi molto alto.

L'alta incidenza di osteoporosi nei paesi in cui il consumo di latticini è alto è un'ulteriore indicazione della sua inefficacia nel contrastare il problema della ossa fragili. Il recente report dell'Organizzazione Mondiale della Sanità e della FAO sulle evidenze raccolte sul problema osteoporosi, indica che per la maggior parte delle persone sembra non esserci alcuna correlazione tra un aumento dell'introito di calcio e una diminuzione del rischio di fratture ossee. Le raccomandazioni OMS/FAO per l'osteoporosi indicano di mangiare più frutta e verdura piuttosto che affidarsi ai latticini per assicirarsi una buona salute delle ossa. Gli alimenti che provengono dal regno vegetale sono infatti fonte di calcio altamente assimilabile.

In conclusione: qualsiasi sia la tua motivazione per essere vegetariano, le stesse identiche ragioni portano alla scelta vegan, quindi, non fermarti a metà, fai il grande passo :-)

## 1.3   Cosa mangiano i vegan

### 1.3.1   La varietà

Se pensate che i vegan mangino "solo insalata..." toglietevelo dalla testa! :-)

L'impressione che con la scelta vegan diminuiscano le possibilità di mangiare in modo vario e appetitoso è del tutto sbagliata. Pensiamoci un attimo: siamo tutti abitudinari, e nessuno di noi cucina centinaia di piatti diversi, ma solitamente abbiamo un certo numero di piatti, poniamo 50, che siamo abituati a preparare e mangiare. Ebbene, basta sostituire questi 50 piatti con altri 50 che abbiano ingredienti vegetali. La varietà è esattamente la stessa. In più, spesso cambiando modo di mangiare si è più curiosi di provare cose nuove, e così si allarga l'orizzonte delle nostre possibili scelte... e quindi di solito accade che ci sia più varietà nella dieta di un vegan che in quella di un onnivoro!

### 1.3.2 Ingredienti e piatti

Dire che una persona vegan mangia "verdura, cereali, legumi, frutta, frutta secca" è vero, sì, ma vuol dire poco, perché questi sono solo gli ingredienti, ma bisogna capire che sono migliaia i piatti appetitosi che si possono preparare, che sono per lo più i piatti della nostra tradizione mediterranea.

In questo libro trovate diversi esempi di ricette, soprattutto piatti "di tutti i giorni", facili ma allo stesso tempo molto invitanti, e anche piatti più elaborati e impegnativi.  Come vedete, ce n'è per tutti i gusti... Altro che "solo insalata"... :-)

Anzi, anche quando un vegan mangia un'insalata, mangia qualcosa di molto più buono della misera insalatina verde con un po' di sale e olio tipica dei "carnivori", ma ci mette vari tipi di insalata, ci aggiunge noci tritate, semi di sesamo, lievito alimentare in scaglie, tofu a dadini... e mangiata col pane diventa un piatto unico gustosissimo, oltre che sano!

Se per pranzo c'è la necessità di prepararsi dei panini, ecco alcuni esempi di come farcirli in pochi minuti: spinaci e maionese vegetale, paté di fagioli cannellini e noci, paté di ceci, olive e maionese vegetale (una delizia!), tofu affumicato, maionese, carciofini, ma altri ne troverete in questo libro.

### 1.3.3 Ingredienti della tradizione orientale

Glutine di frumento, seitan, tofu, tempeh. Questi nomi potrebbero suonarti nuovi, ma i cibi proteici a base vegetale non sono proprio nulla di nuovo, sono cibi tradizionali nei paesi orientali. I popoli orientali producevano tofu già 1000 anni fa e preparavano gli arrosti di seitan già nel 15esimo secolo (anche se il nome usato per questo ingrediente era diverso!).

Oggi sono sempre più diffusi anche qui, e anche se non sono certo alimenti necessari in una dieta vegan, sono comunque una gustosa possibilità in più che si può introdurre nei nostri piatti un paio di volte la settimana.  Si trovano ormai in quasi tutti i supermercati, e costano meno della corrispondente quantità di carne e formaggio (a parità di qualità).

Il seitan è ottenuto estraendo dai cereali solo la parte proteica, il glutine, è buonissimo e ricco di proteine.  Si trova in diverse preparazioni (panetti, spezzatino, wurstel, affettato, affumicato, aromatizzato con erbe) e può essere usato in spezzatini, polpette, impanato "alla milanese", in padella stile "scaloppine", negli spiedini, ecc.

Il tofu si ottiene dal latte di soia, ed è disponibile in molte preparazioni (molle, bianco, affumicato, aromatizzato con erbe).  Serve per preparare paté, farcire torte (salate e dolci), e in generale va aggiunto ad altre cose per rendere un piatto più ricco e nutriente, lasciandolo insaporire con gli altri ingredienti, da solo non ha praticamente sapore (a meno che non si tratti di quello affumicato, o già insaporito con erbe, che è buono anche da solo!).

### 1.3.4  Suggerimenti per "veganizzare" ricette che già conoscete

Per questa sezione sono stati usati contributi di vari utenti del forum: Fiordaliso09, Gipsy28, Lia78, Marina, Pamela.

Ci sono degli ingredienti di alcuni piatti di cui "ci pare impossibile" fare a meno, eppure, basta solo imparare a usare dei sostituti adeguati, vediamo quali!

**Al posto del burro:** a seconda dei casi, si può usare la margarina vegetale, il burro di soia (buonissimo!), il brodo vegetale, l'olio (d'oliva o di mais o altro).

**Al posto del gelato:** tieni conto che spesso i gelati alla frutta non contengono latte (bisogna chiedere di volta in volta al gelataio!), mentre tra quelli alle creme è ormai diventato abbastanza facile trovare anche qualche gusto fatto col latte di soia o di riso. Nei supermercati è oggi facile trovare il gelato di riso, che è decisamente buono, oltre che più salutare rispetto a quello di latte di mucca!

**Al posto del latte:** come già detto, il latte è un ottimo alimento... solo per il lattante, e solo quello di sua madre! Se sei adulto e non hai 4 zampe, meglio rinunciare comunque al latte di mucca, e optare per le bevande vegetali a base di soia, di riso, di avena, di mandorle. Puoi berle al naturale o usarle per fare yogurt, budini, cioccolata calda, e quant'altro. Per i dolci, si possono usare questi latti vegetali oppure in alcuni casi il succo di frutta.

**Al posto dell'hamburger:** in molti supermercati c'è una buona varietà di vegburger, da banco frigo o surgelati, a base di verdure, cereali, soia, seitan. Ma si possono anche preparare in casa, in questo libri ci sono varie ricette.

**Al posto del formaggio:** esistono da qualche anno alcuni "formaggi vegetali" che sono simili ai formaggi tradizionali, e alcuni di essi fondono e si possono usare per preparare toast, pizze, torte salate. Invece sulla pasta, nei risotti e zuppe va molto bene il lievito alimentare in scaglie al posto del parmigiano, ed è ottimo il tofu sbriciolato al posto della ricotta nelle torte salate. Ci sono dei simil-formaggi che si possono fare in casa, cerchiamo di suggerirne qualcuno in questo libro.

**Al posto della gelatina (o della colla di pesce):** si può usare l'alga agar-agar (che non è certo fatta di zoccoli di bovino e pelle di maiale bolliti...).

**Per una carbonara vegan:** tofu sbriciolato e saltato in padella con un briciolo di curcuma può essere utilizzato per sostituire le uova strapazzate e per fare una pasta molto simile alla carbonara. Con il silken tofu la carbonara viene molto cremosa ed è ottima.

**Per mantecare il risotto:** oltre al burro vegetale o alla margarina, si può usare anche la panna di soia. Essendo più gustosa del burro, è meglio che sia un risotto dal sapore non troppo delicato, altrimenti si sente troppo. Anche lo yogurt si può utilizzare a questo fine.

**Come fare la pastella per frittura:** in molti casi c'è l'abitudine di usare l'uovo, ma non è necessario, né utile. La migliore frittura è con il metodo giapponese del tempura. La pastella va fatta con una miscela di acqua, farina e un pizzico di sale; un po' di olio è opzionale. Si mescola velocemente con la forchetta in un piatto fondo, fino a formare una crema abbastanza densa da aderire agli alimenti, ma più liquida di una normale crema; deve essere il più possibile fredda, tanto che alcuni cuochi vi tengono immersi dei cubetti di ghiaccio. Va quindi tenuta più tempo possibile in frigo, nella parte più fredda.  In frigo vanno tenute anche le verdure da friggere. L'olio, invece, deve essere bollente. Vi si immergono gli alimenti impastellati quando è ben caldo. In questo modo il fritto viene croccante e leggero, assorbendo pochissimo olio.

Per avere invece un effetto "lievitante" (per esempio per la frittura dei fiori di zucca) si può usare la birra o dell'acqua minerale gassata al posto dell'acqua semplice, oppure un pizzico di lievito per dolci.

### Come sostituire le uova

Le uova sono usate in molti piatti con scopi diversi: come legante, come aiuto alla lievitazione, oppure in altri casi non hanno alcuno scopo e sono usate solo per abitudine. L'ultimo caso è il più facile, basta eliminarle, mentre negli altri casi si possono usare altri ingredienti per ottenere lo stesso scopo.

Esistono ricette per "simulare" l'uovo al tegamino, l'uovo sodo, l'uovo in camicia e molto altro, tutte a base di ingredienti vegetali, per chi è davvero un patito di questi sapori. Sono ricette un po' elaborate, si trovano nella sezione "Ricette per simil-uova vegan" di questo libro (sezione A, pagina 1056). Queste ricette fanno spesso uso del sale kala namak: detto anche sale viola o sale nero indiano, è costituito da un'alta percentuale di zolfo, il cui aroma e sapore ricorda molto quello delle uova di gallina. È un ingrediente fondamentale per ricreare un sapore che assomiglia al tipico gusto di uovo. Si può sostituire al sale in tutte le preparazioni a base di tofu e di farina di ceci. Si trova facilmente online e nei negozi indiani, a costi molto bassi.

**Frittata** - Realizzare un'ottima frittata è molto facile: al posto delle uova si può usare la farina di ceci mescolata all'acqua (a formare una pastella non troppo densa).  Ne risulta una frittata molto gustosa, più buona e MOLTO più salutare di quella fatta con le uova! Si possono aggiungere altri ingredienti a piacere (verdure varie).

**Uova strapazzate** - Per realizzare le uova strapazzate:  con un panetto di tofu, della curcuma e, a piacere, un po' di pepe, si possono ottenere delle strepitose "uova" strapazzate. Per farle basta schiacciare il tofu con una forchetta oppure, per un risultato più simile alla versione onnivora, tagliarlo finemente a striscioline con un coltello, e poi spatolarlo in cottura per romperlo in pezzi più piccoli. A questo punto si fa saltare in padella con poco olio, sale kala namak, pepe e una spolverata di curcuma per donare un bel colore giallo.

**Maionese** - Nella maionese l'uovo non è necessario, si ottiene una maionese perfetta e deliziosa semplicemente con latte di soia, senape, limone e olio di semi (vedi ricetta nelle preparazioni di base).

**Pancakes - Crepes** - Si può fare una miscela di farina di soia, di grano, olio vegetale, latte di soia. Nel caso di pancakes salati, aggiungere cremor tartaro, bicarbonato e sale.

**Polpette e hamburger vegetali** - Qui le uova servono solo come legante.  Al loro posto si

possono usare patate lesse schiacciate, riso bollito, burro di arachidi o tahin, il tutto mescolato con poca acqua bollente. Se serve renderlo più secco, aggiungete pangrattato o farina.

**Per lucidare la superficie di panini o brioche** - Al posto dell'uovo si possono spennellare con latte di soia o un mix di acqua e malto.

**Mousse** - Per preparare la mousse frullare silken tofu con succo d'agave o sciroppo d'acero, aggiungendo poi il gusto desiderato (cacao, cocco, vaniglia, essenza di limone, di mandorla).

**Dolci** - Nei dolci , per sostituire l'uovo, si può aumentare leggermente la dose di latte (di soia, ovviamente), oppure usare uno dei trucchi sotto elencati. Quale usare dipende dal dolce che si deve fare, in particolare occorre vedere se l'uovo era usato in origine come legante o per facilitare la lievitazione.

Se le uova servono per la lievitazione, al posto di 1 uovo si può aggiungere la punta di un cucchiaino di lievito in polvere alla ricetta o usare 3/4 di cucchiaino di bicarbonato e un po' meno di un cucchiaio di aceto di mele.

Se servono come legante si può usare al posto di 1 uovo una delle seguenti miscele di ingredienti a scelta:

2 cucchiai di fecola di patate + 2 cucchiai d'acqua

2 cucchiai di maizena + 2 cucchiai d'acqua

1 cucchiaio colmo di farina di soia + 1 cucchiaio d'acqua

50 g di farina di mais (per dare ai dolci il classico colore giallo; occorre però diminuire un po' la dose della farina di grano prevista dalla ricetta)

mezza banana molto matura schiacciata

50 g di silken tofu ridotto in purea

1/4 di tazza di yogurt di soia

un cucchiaio di semi di lino tritati finemente miscelati con 3 cucchiai di acqua (si sente il sapore, quindi va bene per pancakes o per biscotti con farina integrale)

1/4 di tazza di composta di mele senza zucchero (rende bene negli impasti umidi, come torte o brownies).

**Pastella per frittura** - In molti casi c'è l'abitudine di usare l'uovo, ma non è necessario, né utile. La migliore frittura è con il metodo giapponese del tempura. La pastella va fatta con una miscela di acqua, farina e un pizzico di sale; un po' di olio è opzionale. Si mescola velocemente con la forchetta in un piatto fondo, fino a formare una crema abbastanza densa da aderire agli alimenti, ma più liquida di una normale crema; deve essere il più possibile fredda, tanto che alcuni cuochi vi tengono immersi dei cubetti di ghiaccio. Va quindi tenuta più tempo possibile in frigo, nella parte più fredda. In frigo vanno tenute anche le verdure da friggere. L'olio, invece, deve essere bollente. Vi si immergono gli alimenti passati nella pastella quando è ben caldo. In questo modo il fritto viene croccante e leggero, assorbendo pochissimo olio.  Per avere invece un effetto "lievitante" (per esempio per la frittura dei fiori di zucca) si può usare la birra o dell'acqua minerale gassata al posto dell'acqua semplice, oppure un pizzico di lievito per dolci.

### 1.3.5   Stagionalità degli ingredienti

In questo libro, per ogni ricetta sono indicate una o più stagioni, quando gli ingredienti richiesti non sono disponibili tutto l'anno. La grande distribuzione ci ha ormai abituato ad avere a disposizione gran parte di frutta ed ortaggi durante tutto l'anno. Perché allora ritornare a preferire l'utilizzo di frutta e verdura di stagione?

#### È più ecologico

Innanzitutto bisogna comprendere che, per essere disponibili sulle nostre tavole, frutta e ortaggi fuori stagione devono essere importati dall'altro emisfero terrestre, talvolta per via aerea, o essere coltivati in serre appositamente riscaldate. Le serre non riscaldate permettono, grazie alla concentrazione dei raggi solari, di anticipare di un paio di settimane la raccolta, oltre a proteggere i prodotti più fragili dalle intemperie, ma se si vogliono avere pomodori a gennaio è indispensabile riscaldare la serra e spesso anche il terreno! Difficilmente vengono costruite serre invece per gli alberi da frutto, quindi la frutta che si trova fuori stagione è quasi sicuramente importata.

Consumare frutta e verdura di stagione vuol dire quindi consumare frutta e verdura coltivata in modo ecologicamente più efficiente e che non ha percorso distanze troppo lunghe prima di arrivare sulle nostre tavole – anche se è importante ricordare che, per ridurre la propria impronta ecologica, un'alimentazione 100% vegetale è molto più efficace di un'alimentazione onnivora a Km 0 (circa 8 volte tanto!), come dimostrato da varie ricerche.

#### È più sano

Frutta e ortaggi di stagione sono più saporiti e ricchi di nutrienti, perché coltivati in modo più naturale.  Richiedono minori trattamenti e non vengono raccolti acerbi e trattati per essere trasportati su lunghe distanze.

Seguire il ritmo naturale delle stagioni consente di variare maggiormente le tipologie di alimenti consumati e di assicurarsi il giusto introito di tutte le vitamine, i sali minerali, gli anti-ossidanti e tutte le preziose sostanze presenti in frutta e verdura, senza limitarsi a consumare pomodori, zucchine e peperoni tutto l'anno!

### È più economico

I prodotti di stagione sono in genere meno costosi delle primizie e spesso coincidono con i prodotti in offerta al supermercato.

### In pratica, come fare?

All'inizio non è facilissimo capire quali sono i prodotti di stagione.  Nei negozi è obbligatorio indicare la provenienza, ma non il metodo di coltivazione, e quindi non sempre è possibile sapere se i prodotti sono di serra oppure no.

Per iniziare, si può prendere familiarità con una tabella che indichi frutti e verdure disponibili nei vari mes.i Bisogna tuttavia considerare che l'Italia è caratterizzata da una grande varietà di climi e che quindi ci possono essere variazioni anche sostanziali da una regione all'altra – ad esempio, in Sicilia ortaggi come zucchine e pomodori possono arrivare a piena maturazione anche 3-4 settimane prima rispetto al Piemonte.  Inoltre, alcuni prodotti si conservano molto a lungo (come zucche, cipolle, carote, mele) e quindi si possono trovare anche al di fuori del periodo di raccolta.

Quando possibile, è preferibile acquistare prodotti a Km 0, che più frequentemente sono di stagione.  Se si riesce, è meglio acquistare direttamente dal produttore (tramite mercati dei contadini, o Gruppi di Acquisto Solidali).  Se si acquista al supermercato, controllare la provenienza e anche i prezzi, che generalmente scendono quando i prodotti sono in piena stagione e quindi più abbondanti.

# Siamo Arrivati Alla Conclusione

**Ci Complimentiamo Con Te Per Aver Scelto Questo Libretto !**

**Sei Rimasto Soddisfatto ? Allora Ti invitiamo a Lasciare**

**Un FeedBack Positivo a 5 Stelle !**

**Grazie Di Cuore :)**

# DISCLAIMER

The author is not a licensed practitioner, physician, or medical professional and offers no medical diagnoses, treatments, suggestions, or counseling. The information presented herein has not been evaluated by the U.S. Food and Drug Administration, and it is not intended to diagnose, treat, cure, or prevent any disease. Full medical clearance from a licensed physician should be obtained before beginning or modifying any diet, exercise, or lifestyle program, and physicians should be informed of all nutritional changes.

The author/owner claims no responsibility to any person or entity for any liability, loss, or damage caused or alleged to be caused directly or indirectly as a result of the use, application, or interpretation of the information presented herein.